邱爱萍 ———— 著

"六会"教学法

基于核心素养的课堂教学

核心素养导向的课堂教学丛书

杨四耕主编

华东师范大学出版社
·上海·

图书在版编目（CIP）数据

"六会"教学法：基于核心素养的课堂教学/邱爱萍
著. —上海：华东师范大学出版社，2021
（核心素养导向的课堂教学丛书）
ISBN 978-7-5760-1522-5

Ⅰ.①六… Ⅱ.①邱… Ⅲ.①课堂教学-教学研究-初
中 Ⅳ.①G632.421

中国版本图书馆 CIP 数据核字（2021）第 052229 号

核心素养导向的课堂教学丛书

"六会"教学法：基于核心素养的课堂教学

丛书主编　杨四耕
著　　者　邱爱萍
责任编辑　刘　佳
项目编辑　林青荻
特约审读　郑　月
责任校对　郭　华　时东明
装帧设计　卢晓红

出版发行　华东师范大学出版社
社　　址　上海市中山北路 3663 号　邮编 200062
网　　址　www.ecnupress.com.cn
电　　话　021-60821666　行政传真 021-62572105
客服电话　021-62865537　门市（邮购）电话 021-62869887
地　　址　上海市中山北路 3663 号华东师范大学校内先锋路口
网　　店　http://hdsdcbs.tmall.com

印 刷 者　苏州工业园区美柯乐制版印务有限责任公司
开　　本　787×1092　16 开
印　　张　13.75
字　　数　120 千字
版　　次　2021 年 9 月第 1 版
印　　次　2021 年 9 月第 1 次
书　　号　ISBN 978-7-5760-1522-5
定　　价　42.00 元

出 版 人　王　焰

（如发现本版图书有印订质量问题，请寄回本社客服中心调换或电话 021-62865537 联系）

洞见改革

回望轰轰烈烈的课堂教学改革，我们依然可以欢呼，仍然可以雀跃，但我们更需要理性的回望和深刻的思考。

不是么？我们的课堂教学改革虽然取得了卓著的成效，但也出现了不少观念的误识和实践的误区。我们能否真正面对与合理消解这些问题，将直接影响课堂教学改革的纵深推进。

维特根斯坦指出："洞见或透识隐藏于深处的棘手问题是艰难的，因为如果只是把握这一棘手问题的表层，它就会维持原状，仍然得不到解决。因此，必须把它'连根拔起'，使它彻底地暴露出来；这就要求我们开始以一种新的方式来思考。这一变化具有着决定意义，……难以确立的正是这种新的思维方式。一旦新的思维方式得以确立，旧的问题就会消失；实际上人们很难再意识到这些旧的问题。因为这些问题是与我们的表达方式相伴随的，一旦我们用一种新的形式来表达自己的观点，旧的问题就会连同旧的语言外套一起被抛弃。"面对核心素养时代，我们的课堂教学改革有必要确立新的思维方式，并借此洞悉困扰我们的"棘手问题"。

改革不是一种风潮，而是一种使命。当下，跟风式改革仍然盛行，如深度学习、项目学习、STEAM……见样学样，不停跟风，显现出一派繁荣景象。不少所谓的教学改革只是在形式上做文章，有教条主义的嫌疑；不少课堂深陷应试泥潭，既不教人文，亦无关精神，甚至连知识也谈不上，而是"扎扎实实"地搞成了教考，把考试当作课堂教学改革的使命。教育改革的真正使命是什么？我们应秉持怎样的立场推进课堂教学改革？2014 年，教育部颁布《关于全面深化课程改革 落实立德树人根本任务的意见》。这份文件指出：立德树人是课程改革的根本任务，核心素养培育是课程改革的核心价值。这便是我们的使命。使命需要执著，执著就是美德。细细品味维特根斯坦的这句话也许会有所助益："当一切有意义的科学问题已被回答的时候，人生的诸问题仍然完全未被触及。"课堂教学改革的全部使命便是触及人生问题并给予某种实质性的回答，从而使"立德树人"落到实处。

改革不是一个口号，而是一种立场。层出不穷的口号、花样频出的概念，已然是当下学校变革的常态。不少学校把玩弄概念作为改革，把提口号当成改革，以学定教、先学后教、翻转课堂……热词涌起，名句不断。当我们把改革看成一个概念、一个口号的时候，我们已经远离了改革。改革是一种立场，一种有思考的尝试，一种为着根的事业而不断探索的精神。维特根斯坦说："一种表述只有在生活之流中才有意义。"可以说，如果我们能把自己的立场安放在特定的概念或口号里，秉持有立场的变革，那将是对维特根斯坦的一种慰藉。

改革不是一张蓝图，而是一种责任。加拿大学者迈克尔·富兰说："变革是一项旅程，而不是一张蓝图。"毫无疑问，改革需要蓝图，需要理性设计，但蓝图不是改革本身。奥托·魏宁格有一句令人心动的话："逻辑与伦理在本质上是相同的。它们不是别的，而正是对自我的责任。"改革是一种责任，是一种对未来负责的精神。联合国教科文组织提出了21世纪教育的四大支柱：学会认知、学会做事、学会共处、学会生存。其中，学会认知是步入未来社会的通行证：观察、阅读、倾听、书写、交流、多样化表达、分析、综合、推理……学会做事是适应知识经济时代的必然选择：专注、善于发现问题、善于尝试、目标准确、身体力行、全力以赴、勇于面对现实、直面困难、不惧失败……学会共处是顺应全球化时代的需要：人际感受能力、人际理解力、人际想象力、风度与表达力、合作能力与协调能力、决策能力、沟通能力；懂得尊重、善于理解、换位思考、勇于担当、积极配合；而学会生存则是对做人品质的完善：适应能力、交往能力、管理能力、动手能力、创新能力、竞争能力；促进自我实现、丰富人格特质、担当与责任承诺、接受改变、适应改变、积极改变、引导改变……应该说，这些都是核心素养时代课堂教学改革的责任。

改革不是一场革命，而是一种态度。我们为什么需要改革？是因为有糟糕的现实摆在眼前，我们必须清除它。我们如何改革？通过雷厉风行的方式彻底改革吗？我们知道，对于理想化的东西，改革者很容易接受，并习惯于用理想的丰满来衡量现实的骨感，用理想的光滑来评判现实的粗糙。在理想观照下，现实是一无是处的，是必须摈弃的。正是基于这种认识，改革者很容易接受这样的观点：通过暴风骤雨式的"革命"来实现美好的改革目标。著名教学论专家王策三先生指出:任何教学改革都不是"一蹴而就的,也不是几年、十几年、几十年短期实现的,更不是以'革命'方式达成的"。改革是一种态度,一种持续改变现状的态度,一种朝向美好的态度,一种渐进探索的态度。

改革不是一个事件,而是一项旅程。吉纳·霍尔认为,变革的首要原则是把变革看作"是一个过程,而不是一次事件"。当我们把改革看成是一个事件,这意味着,改革可以在短期内取得成功;如此,改革尚未真正推进,我们便急着推出新的改革。面对一系列的政策性号召与行政命令,一些地方与学校常常是积极参与,往往在短时间内就会涌现出大量的改革成果,不少地方和学校还会举办各种各样的经验交流会。然而,在热闹的背后,却存在着虚假的繁荣:应付改革,鲁莽冒进现象时有发生。改革其实是一项旅程,一项迈向合理性的旅程,一项不断面对问题、思考问题、解决问题的旅程。课堂教学改革无法速成,只能渐进摸索;课堂教学改革也无法一次性完成,它永远在路上。

改革不是一条直线,而是一种智慧。对改革的简单化认识,缺少对改革形态丰富性、过程复杂性的理解,会让改革陷入迷茫。吉纳·霍尔说:"变革,不是某位领导发表一次演讲,或在 8 月份为教师举行两天短期培训,或向学校提供新课程或新技术,就能一蹴而就、获得成功的。相反,变革是一个过程,在这个过程中,个人、组织机构逐渐理解了新事物、新方法,并且在运用它们时愈益熟练和有技巧。"无数经验证明,课堂教学改革是一个逐步推进的过程,而不是一条直线,其中往往包含着复杂性、随机性和偶然性,它需要理性和智慧。对此,迈克尔·富兰说:变革"好比一次有计划的旅程,和一伙叛变的水手在一只漏水的船上,驶进了没有海图的水域"。可见,课堂教学改革不是"种豆得豆、种瓜得瓜"的简单逻辑,而是一个多因子、多变量、多可能的复杂交织过程。没有"直接拿来"的理论与模式可以套用,改革需要我们自己的原创理论和实践智慧。

改革不是一个目的,而是一种创造。把改革作为目的,为改革而改革,这不是我们的应然取向。有人说:"未来不是我们要去的地方,而是我们要创造的地方。"课堂教学改革,可以是突破陈规、大胆探索的思想观念,也可以是自强不息、锐意进取的精神状态,还可以是奋勇争先、不甘落后的使命感。华罗庚说:"如果没有独创精神,不去探索更新的道路,只是跟着别人的脚印走路,也总会落后别人一步;要想赶过别人,非有独创精神不可。"我们今天创造怎样的课堂,就意味着我们在培育怎样的未来。当我们创造知识型课堂的时候,我们就是在塑造复制与服从的未来;当我们创造素养型课堂的时候,我们就是在选择美好与灿烂的生活。教育的价值在于生命意义的提升,在于学习价值的锤炼,而不在于知识的牢固掌握和大量累积。雨果说:"已经创造出来的东西比起有待创造的东西来说,是微不足道的。"的确,有待创造的东西只能靠学生在生命化实践和实际生活中去创造。因此,在某种意义上,改革不是一个固定目标,而是一个创造,一个基于实验的生命创造和素养提升过程。

改革不是一种形式,而是一种深度。虽然改革之声不断,但我们的课堂教学改革总体上并无实质性进展,"素质教育轰轰烈烈,应试教育扎扎实实"仍然是中小学课堂教学的主流表现。围绕着教材,问题学习、项目学习、单元教学、作业设计、听评课……都被冠以改革之名。联合国教科文组织在《学会生存》这一报告中曾警告说:"教育具有开发创造精神和窒息创造精神这样双重的力量。"大量事实表明,以反复操练为表征的知识教育严重地窒息着年轻一代的创造精神,阻碍着社会进步。教育的核心价值不应该只是盯着知识,而应在于培养有智慧的人。唯有培养有智慧的人,我们才能足以应对不断变化的社会。二百多年前,德国就有如此教育宣言:"教育的目的,不是培养人们适应传统的世界,不是着眼于实用性的知识和技能,而要去唤醒学生的力量,培养他们自我学习的主动性、抽象的归纳力和理解力,以便使他们在目前无法预料的种种未来局势中,自我做出有意义的选择。"当前,课堂教学改革最重要的一步,就是要从知识至上的泥潭中跳出来,义无反顾地迈向关注生长的素养时代。

总之,改革不是自负的概念翻新与宣示,而是崭新观念的建构与实践。面对核心素养时代,我们应少些"看客",多些"创客",不断洞悉隐藏于深处的棘手问题,在不断追问中创造属于我们自己的精神世界。这或许就是"核心素养导向的课堂教学丛书"之初衷。

杨四耕

2019 年 6 月 9 日于上海市教育科学研究院

目录

总论　用"六会"教学提升学生核心素养　　/1

第一章　会观察：智慧创获最重要的能源　　/19

观察是一种积极的智力活动，是发展智力的途径，是智慧创获最重要的能源。 学生的学习离不开观察，各科教学中只有运用观察，才能使学生对学习对象获得鲜明、生动、具体的感性认识，积累丰富的感性经验，再通过抽象概括达到理性认识。 作为一种主动知觉过程，观察力在课堂教学过程中起着非常重要的作用。

第一节　观察是学习者的第一美德　　/20

第二节　学科不同观察侧重点不同　　/23

第三节　观察力的获致与养习　　/28

第四节　创造机会开展观察活动　　/32

第二章　会分析：提升学习力的必备品质　/51

一般情况下，一个看似复杂的问题，经过理性思维的梳理后，会变得简单化、规律化，从而轻松、顺畅地被解答出来，这就是分析能力的魅力。 分析的意义在于通过认识事物或现象的区别与联系，细致地寻找能够解决问题的主线，并以此解决问题。 分析能力是学生的必备品质，是综合素养的重要组成部分。

第一节　分析是学习者的基础境界　/52

第二节　学科不同分析形貌不同　/54

第三节　分析能力的提升路径　/56

第四节　设计和指导教学诊断分析　/58

第三章　会质疑：创新思维培育的起点　/83

质疑是创新思维的首要构件。 疑方能创新，创新必先有疑。 有小疑则有小进，有大疑则有大进。 质疑是学习者在强烈的好奇心驱使下，敢于独立思考，设疑问难，敢于大胆发言，热烈讨论，敢于追根究底，探索未知。 爱因斯坦说"提出一个问题往往比解决一个问题更重要"。 敢于提问质疑是创新意识的标志，是创新思维的起点，是创新过程的萌芽。

第一节　质疑是学习者的新风尚　/84

第二节　不同学科有不同质疑点位　/87

第三节　质疑能力提增的策略选择　/89

第四节　精心呵护和培植"创新之芽"　/93

第四章　会应用：学习活动的最美姿态　/105

应用是学习的最高境界。学以致用，学用结合，活学活用，知行合一是学习最重要的法宝。善于学习，做到学以致用，找准理论与实践的结合点，把学习的出发点和落脚点放在解决实际问题上，通过学习开阔视野、打开思路，达到学有所用、用有所成的目的。

第一节　应用是学习者的实践法宝　/106

第二节　不一样学科不一样的应用　/109

第三节　应用能力的培养途径　/111

第四节　拓展学以致用的思路和视野　/116

第五章　会合作：学生最有效的学习方式　/129

合作是当代学生必备的素养之一。培养学生的合作意识、合作精神与合作能力，是时代发展的要求。通过合作学习，可以改善师生之间、生生之间的关系，培养学生的合作意识和社会交往能力，培养规范意识、任务意识、合作意识、责任感及合群、利他等社交品质和技能。

第一节　合作是学习者的必备能力　/130

第二节　不一样学科合作内涵不同　/133

第三节　合作素养的修炼与养成　/135

第四节　倾力引导走向高效的合作　/139

第六章　会坚持：一种可以养成的好习惯　/171

坚持是一种自我激励行为，是意志力的完美表现。培养学生坚韧不拔、坚持不懈、持之以恒的精神对学生健康快乐成长会产生积极的促进作用。中学生有了积极进取的心态，就能克服惰性，把注意力集中于未来，就能坚持到底。

第一节　坚持是学习者的进取态度　/172

第二节　不同学科坚持的要素不同　/175

第三节　坚持的内在涵养与养成　/177

第四节　在实践中创就坚持的品行　/180

后记　/203

总论 用"六会"教学提升学生核心素养

《教育部关于深化课程改革落实立德树人根本任务的意见》提出了学生发展核心素养，指出学生应具备的能够适应终身发展和社会发展需要的必备品格和关键能力。这为学校提升课堂品质，教师开展教育教学活动明确了目标，指明了方向。教育教学的目标从传统的重视基础知识与基本技能的培养，到注重知识与技能、过程与方法、情感态度价值观三维目标的培养，转变为核心素养的培养，是从教书走向育人这一过程的不同阶段。为落实指向"核心素养"的培育，教师必须完成理念的转变，从而引领教育教学方式的转变。

近几年来，上海市国和中学的课程计划设置规范，区内对计划的评定结果逐年提升，并已经连续两年获得区课程计划优秀等第，学校也严格依照计划实施课程教学与管理。但课程校本化的有效实施还有待进一步加强，教师过度依赖计划开展教学，缺乏对学科知识体系的整体思考与把握，"为教而教"的现象极大程度上遏制了学生学习的积极性，课堂教学中学生"主动学习"体现得还不够明显，不能真正彰显学校办学理念。从教育督导室对我校办学水平的全面评估结果来审视学校的发展，督导室在肯定学校已有成就的同时，指出学校的课堂教学形式过于传统，学校提出的学生"主动学习"的课堂呈现不够明显。

面向学生学习动机和兴趣的调查问卷结果显示： 本校学生观察能力、质疑能力不够，其中有58.41%的学生在学习过程中提不出问题，或觉得没有问题，有57.64%的学生没有或偶尔向老师提出问题；在解答问题时，有70.97%的学生只会按教师教的方法做，仅有40%左右的学生在发现结果不同时会直接问老师或同学；在应用知识方面，有42%以上的学生不太会进行知识扩展迁移。有73%的教师认为我们的学生在背诵、默写、记忆等方面表现优秀，而在分析、质疑、应用等高阶思维能力方面的表现明显不足；有超过一半的教师与家长认为，我们的学生缺少数理分析与逻辑推理思维，缺少顽强的意志力与主动、积极进取的探究精神，学习态度、能力都存在一定的问题。通过对课堂学习品质的调研及对教师的教学方式和学生的学习方式现状的调查分析，我们来寻找课堂转型的切入点，力求全面提升学生的综合素养。

"六会"教学法是基于我校学生学情以及课堂现状而开展的一种关于课堂教学实践的方法论，能让学生经历发现问题、提出问题、分析问题、解决问题的全过程，强调在实践过程中关注六个关键词（会观察、会分析、会质疑、会应用、会合作、会坚持）的课堂教学改革实践与探索。

一、"六会"教学法的旨趣与探索

"六会"教学法实施立足课堂，积极推进课堂教学改革，推动高品质课堂的创建，培育学生的核心素养。

（一）聚焦学生核心素养提升

通过提升课堂教学的有效性，提高学生的自主学习能力。开展课堂教学改革，丰富学生项目学习经历，培养学生"六会"能力（会观察、会分析、会质疑、会应用、会合作、会坚持），逐步获得社会行为能力、合作能力、创造能力、管理能力和解决问题能力等；学会理解、尊重、学习他人，学会相互依存与融合，学会交流与沟通。通过课程学习，促进学生全面发展，使其形成独立自主、富有批判精神的思想意识、判断能力和约束能力。

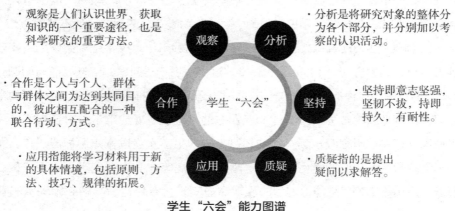

- 观察是人们认识世界、获取知识的一个重要途径，也是科学研究的重要方法。
- 分析是将研究对象的整体分为各个部分，并分别加以考察的认识活动。
- 合作是个人与个人、群体与群体之间为达到共同目的，彼此相互配合的一种联合行动、方式。
- 坚持即意志坚强，坚韧不拔，持即持久，有耐性。
- 应用指能将学习材料用于新的具体情境，包括原则、方法、技巧、规律的拓展。
- 质疑指的是提出疑问以求解答。

学生"六会"能力图谱

（二）聚焦教师教学素养提升

增强教师的课程执行力和课程开发能力，增强教师的课程意识、团队意识和创新意识。依托课程发展与研究，推动学校课堂与课程改革建设，切实改变教师传统的教学方式，创建富有生命活力的课堂，创建以学生为主体、关注学生发展的、培养学生多方面技能的课堂，体现尊重、自主、人文、个性的特质，优化师生关系，形成积极向上的精神风貌。通过课程建设，提升教师的教学领导力，提高课堂教学目标的科学性。

（三）聚焦高品质课堂建设

学校以"夯实基础，立足课堂，提升品质，自主发展"的课堂教学思路梳理现行的教学内容，开展能体现具备本校特征的课堂实践研究，并采用信息化平台构建课堂评价体系，关注学生整体学习过程，指向学生自主、全面、个性的发展。整个项目研究主要围绕以下几个子课题，边研究、边实践、边总结、边调整，为学校塑造有利于学生发展，具备学校特色的高品质课堂建设探索新路。

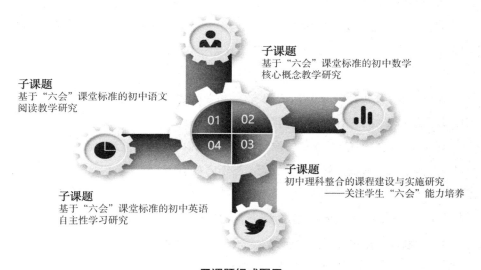

子课题
基于"六会"课堂标准的初中数学核心概念教学研究

子课题
基于"六会"课堂标准的初中语文阅读教学研究

子课题
初中理科整合的课程建设与实施研究
——关注学生"六会"能力培养

子课题
基于"六会"课堂标准的初中英语自主性学习研究

子课题组成图示

1. **开展课堂标准的研究**。通过研究课堂，确立怎样的课堂才是符合我校发展需要、适合我校学生发展的课堂标准。一是根据课程培养目标，研究怎样科学地对语文、数学、英语三门样本学科界定低年级段（预备、初一年级）和高年级段（初二、初三年级）的共性要求和学生个性要求，即在不同学科、不同年级对体现课堂建设能实现的"六会"做出界定。二是以课程标准为依据，确立语、数、外三门样本学科在低年级段（预备和初一年级）和高年级段（初二、初三年级）不同层次、具有学科特点的课程目标。明确对核心关键词"会观察、会分析、会质疑、会应用、会合作、会坚持"的不同达成度。在低年级学段，强调学生需要做到"六会"中的"会观察、会分析、会合作、会坚持"（另"两会"根据学生发展层次需要有所选择），高年级学段学生在低年级学段达成的基础上，要达成"会应用、会质疑"。三是根据学科课程目标梳理或重组语、数、外三科教学内容，规划如何将联系生活、贴近社会、创新发展需要的内容引进课堂，寻求课程内容的基础性与发展性、知识性与实践性、科学性与人文性的融合，有助于培养学生的科学人文素养。四是根据学科特点探索课堂教学模式。探索根据学生的差异实施分层教学，确立有学科特点的因材施教的教学模式，实现学生学习活动的自主、参与和合作。

2. 开展转变学生学习方式的研究。创设具有自主学习氛围的教学环境，重点探索优化学生学习方式的教学策略与方法，引导学生开展语、数、外等学科课堂内外的自主性学习。通过学生在"六会"能力上的达成度，体现课堂的生成。

3. 开展转变教师教学方式的研究。根据学科课程标准，从"梳理知识系统，开展学情预估，分解知识内容，确立教学思路，进行问题设计的问题式导学"等方面开展教师备课技术与教学方式的研究；针对关注教师的关键词"五善"（即善于创设情境、善于设疑提问、善于启发引导、善于组织互动、善于积极评价）在课堂中的有效合理运用，探索在"教"与"学"的互动中如何促进学生"学"的方式的转变，即如何通过教师的"五善"逐步实现学生的"六会"。

4. 开展评价指标与工具的研究。一是探索能体现学生"六会"达成情况的评价途径与方法，建立学校信息化课堂的过程评价框架；二是探索具备语、数、英学科特征的学生学习情况评价内容，例如语文的思辨能力，数学的多角度解题能力，英语的发散思维等，探索语、数、英课堂的师生评价指标（或评价点）与具体评价标准；三是针对如何做到"六会"和"五善"，确立评价标准与工具。

（四）聚焦"六会"教学的过程探索

本研究历时四年，分为三个阶段进行。

1. **准备阶段**。成立项目领导小组，组织人员学习、研讨、理解课堂的核心要求。在教师、学生、家长三个层面开展有关学生核心创新素养的问卷调查，并完成本校学生创新素养培育的调查报告。召开全校项目推进动员大会，解读项目具体内容与推进过程，成立由市级专家与区级学科专家组成的专家组，以及由语、数、英各两名青年教师组成的子项目组，完成项目的开题报告。

2. **实践阶段**。各子课题进行充分的课例研究，并基本完成阶段性总结，完成本项目的中期报告和课堂课例集。建立评价我校学生"六会"培养目标在语、数、英等学科和低年级段（预备、初一年级）、高年级段（初二、初三年级）中的共性评价指标与个性评价指标。找出基于我校校情的语、数、英课堂的标准特征，建立并完善评价工具，完成评价平台的建设。

3. **总结阶段**。组织原有学生、教师及家长对经历课堂改革后学生在课堂中的变化再次进行问卷调查，通过对数据的分析、比照，完成调查报告。学校在子课题总结的基础上，对照研究目标，进行全面分析与总结，完成结题报告，并组织专家评审。

准备阶段
· 成立领导小组，确定核心人员
· 文献检索
· 问卷调查
· 完成子项目课题申报、专家论证
· 撰写研究方案，开题报告

总结阶段
· 再次问卷调查，完成调查报告
· 对照研究目标，全面分析与总结，完成结题报告，接受专家评审

01　02　03

实践阶段
· 开展课例研究，完成阶段性总结及课例集
· 建立评价指标
· 建立并完善测量的评价工具，完成评价平台的建设

项目推进各阶段图示

（五）聚焦核心素养培养的路径研究

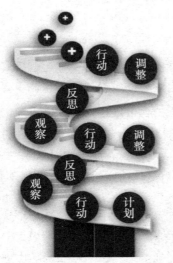

项目研究螺旋式上升路径图

1. 设计学生核心创新素养培育的研究路径。 在研究本项目的过程中，主要遵循行动研究法的基本研究路径，即"计划——行动——观察——反思——调整——再行动……"的方式循环开展。从教师个体和中青年教师研修班集体层面双线出发，点面结合，强化校本研修，增强项目实施过程的自我调控，加强案例积累和行动反思。

根据学校实际，本项目的研究主要路径为：

确立目标，理念先行，实践跟进，分阶段、分层次有序推进。全校教师首先明确项目研究是通过促进教师专业发展，整体提升教学品质。其次，通过加强师资梯队建设，培养各级骨干和高级教师。最后，通过教师整体综合素养的提升，促进学校发展，促进学生全面发展与个性化发展的统一。

以实现项目校本化实施为突破口，以"转变教师教学方式和学生学习方式"为研究点，以创新素养培育的评价指标和确立课堂建设的特征指标为助推器，逐步推进，依次完成本项目研究的全部内容。

以点带面，推动实践项目。"点"上以语、数、英每学科两名青年教师为核心成员，成立项目组，确立子项目开展学科研究。"面"上以学校中青年教师研修班成员为主，以项目任务驱动来开展研修活动。而在以点带面的过程中，学校专门成立由市级专家与区级学科专家组成的专家组全程参与指导，确保学科教学的科学严谨。具体的操作流程是：

每门学科确定两位核心成员开展尝试，分学科对学生"六会"做出学科界定。根据学科界定，由语、数、英三门学科的核心成员开设实践研究课。课前，依据教学内容、考纲确定"六会"培养的细化目标，对应的教学"五善"，撰写相应的教学设计。同时，依据培养目标，制定课堂观课评价表与观课记录表，形成一份完整的课例材料。研修班和学科教研组教师依据评价内容，完成观课活动，并认真填写观课记录表。通过开展录像课的观摩活动，组织听课教师开展研讨活动。依据观课实录（量化分析和描述性表述）探讨实践课的"六会"培养目标的达成度。根据实践研究课对"六会"学科界定进行部分修正。梳理各年级教学内容，依据项目标准，针对已有的"六会"的学科界定，核心组成员依次设定各年级学科内容中体现"六会"培养的教学目标，专家组全程指导，研修班成员全程参与。核心组成员带动研修班与教研组教师，在每个年级开展实践研讨课。最后，整理课例与相关文字、视频资料以备开展后续研究。

本项目课堂实践的行动研究路径按如下"循环实证"技术路径实施：

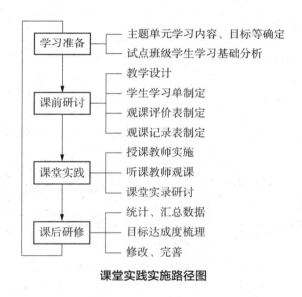

课堂实践实施路径图

2. **开展学生核心创新素养的问卷调查**。针对教师、学生、家长三个层面开展有关学生核心创新素养的问卷调查，为课题有效开展积累第一手资料。

（六）**聚焦评价指标体系建设**

课题组开展了课堂"六会"能力评价指标的研究，以"六会"为一级评价指标，根据学科特点与学情特征，建立每个"会"的二级评价指标。其中每个"会"的二级评价指标分为基础性指标和发展性指标，以及相应评价指标的描述。课题核心组教师分别根据自己学科特征建立了每个"会"的二级指标和相应的评价描述的文本，具体如下：

六会评价指标（语文）

（每个一级指标对应多个二级指标，其中△为基础性指标，★为发展性指标）

一级指标	二级指标	指标描述
会观察	△观察非言语现象	在倾听过程中，观察说话者的表情、动作、语音语调的变化，从中获取信息
	△观察语法现象	能关注文言文中特殊的语法形式、结构、位置、功能等
	△观察语篇特征	能关注文本特征，识别文体，观察语篇的组织结构
	△观察图片图表	在语文综合学习中，能初步感知和描述图片及图表传递的主要内容和信息
	△观察生活现象	善于捕捉生活中发生的各种现象和细节，为书面和口头表达积累素材
	★学会识别与判断	观察新旧语言知识之间的关联和差异，引发进一步思考
	★学会描述与记录	描述观察内容与现象；及时、准确、完整地记录语言现象和生活现象
会分析	△分析非言语现象	通过表情、动作、语音语调的变化等分析说话人的语气和情绪，区分交际场合，并做出恰当的应对
	△分析语法现象	在文言文学习中，能针对特殊的文言现象（一词多义、古今异义、特殊句式等）发现规律，提炼规则，形成概念等
	△分析语篇特征	分析字、词、句在不同语篇中的意义变化，推断隐含义，把握主旨大意，理解写作意图和作者观点、态度等
	△分析图片图表	在综合学习中，对图片、图表的各个方面和不同特征进行系统分析、比较；筛选、综合、提炼关键内容和信息
	△分析生活现象	对生活中的现象和细节加以比较、提炼、概括等，形成自己的思考和见解，化为书面和口头表达的内容
	★掌握对比分析法	能对不同事物，多种语料和语言现象等进行对比分析，找出其中的区别和联系
	★学会多种分析手段	能运用归纳、演绎、推理的方法进行分析

一级指标	二级指标	指标描述
会质疑	△发现困惑与问题	对文本内容的科学性、作者的观点态度、他人的观点态度产生困惑，提出质疑
	△寻找证据与支持	面对困惑与问题，通过多种渠道（网络、工具书、专家）为自己提出的质疑找到实证
	△确立观点与立场	能有依据、有条理地提出新的观点和立场，并通过讨论，进一步完善
	★掌握质疑方法	打破思维定势，善于捕捉差异，精于逻辑思辨，合理展开想象，充分提供证据
	★养成质疑习惯	养成独立思考的意识，并大胆质疑
会应用	△模仿语言与结构	能模仿典范的句、段、篇进行口头及书面语的交流与表达
	△完成活动与任务	能运用所学知识完成课中及课外的各种练习、活动和任务
	△解决实际的问题	能运用所学语文知识解决生活和实践中的相应问题或应对日常交际任务
	★尝试联想与迁移	内化已有知识和经验，并能把不同学科的知识综合起来，丰富自己对现实生活和文学形象的感受和理解
	★尝试创作与创新	能利用所学知识改编课本剧，制作海报，进行演讲辩论等
会合作	△懂得分享与倾听	能认真倾听同伴的观点和建议；能主动分享自己的疑问、观点和成果
	△承担责任与任务	在语文学习活动中能主动承担相应的任务分工，面对困难能肩负起自己的责任
	△开展评价与互助	能客观地自评和互评，耐心指导学习困难的同伴
	★学会尊重与欣赏	服从团队安排，信赖同伴，能发现每一位团队成员身上的亮点
	★凝聚智慧与精神	享受团队合作的过程，感悟奉献团队的快乐，乐于分享合作的成果

一级指标	二级指标	指标描述
	△坚持规范与效率	树立端正的学习态度，逐步形成科学的学习方法，养成良好的学习习惯，按时保质保量完成学习任务
	△追求质量与成果	面对学习困难不退缩，积极应对直至取得理想成果
会坚持	△直面不足与失误	在学习中能直面自身存在的不足，虚心接受他人指点，不断完善和改进自己
	★提升抗挫力与意志力	面对挫折，不轻言放弃，有不解决问题绝不停步的信念和行动
	★提升人文素养和文化意识	语文学习中，不断提升人文素养，注重个人修行；逐步提高跨文化交际能力，形成文化意识

六会评价指标（数学）

（每个一级指标对应多个二级指标，其中△为基础性指标，★为发展性指标）

一级指标	二级指标	指标描述
	△理解运算的法则和公式	理解并掌握实数和代数式的性质和运算法则，掌握包括求图形的周长和面积在内的有关公式
	△懂得运算的依据和算理	在实数和代数式的运算、变形时，在方程（不等式）的求解时，在确定函数解析式时，在几何计算时，懂得其依据和算理
会运算	△明晰求解的途径和方法	在开展数与式的运算和变形、方程（不等式）的求解，以及几何计算时，能选择或设计合理的途径和方法
	★提高运算的准确性	深入理解数的运算与代数式的运算之间的联系，不断提高运算的正确率
	★增强运算的合理性	深入理解运算的依据和算理，更多地经历运算途径和方法的选择过程，不断增强运算途径和方法的合理性
会推理	△掌握数学概念和原理	在数与运算、代数与方程、函数、图形与几何等内容的学习中，经历概念的形成过程，尽可能体会各知识之间的联系，充分理解有关概念、原理和定理
	△合理选择数学概念和原理	在解决具体问题时，能结合具体的情景、条件和要求，选择相关概念、原理和定理，进行合理地推理或演算

一级指标	二级指标	指标描述
	△会有理有据地推断或论证	学会有理有据地推断，能用纸笔完成正确的推断或演算过程，会用演绎推理的方法论证一个命题的成立
	★加强数学的表达能力	合理运用数学语言（包括文字语言、图形语言和符号语言）表达分析数学对象、解决数学问题的过程；能在交流中阐明自身的数学观点或见解等
	★提升数学的空间想象能力	能根据条件画（或作）出图形，分析图形中的基本元素及其关系，能想象或描述图形的运动与变化，利用图形分析揭示问题的本质
会应用	△善于数学阅读与分析	善于阅读教材，学会边读边理解、边想象、边画图，善于从字里行间（包括图形或图像）理解问题的条件和要求，并分析之间的关系
	△会初步进行数学建模	能阅读和理解现实问题情境，将其抽象并转化为一个数学问题
	△会适当进行数据处理	能用基本的统计量、统计图表等反映数据的一些特征，能看懂统计图表，并能结合统计数据开展分析、决策，能理解随机现象，并能初步推测事件发生的可能性
	★提高数学化的能力	多多经历将具体实际问题转化为数学问题的过程，能运用数学模型解决问题，并根据具体的现实情境解读并检验数学结果
	★增强解决问题的能力	会综合运用数与运算、代数与方程、函数、统计与概率、几何等有关知识解决具体问题
会质疑	△在梳理中发现困惑	善于梳理知识、查检错题，从中发现自己在学习中存在的困惑
	△在探究中获得体验	在老师的指导下进行自主学习和探究活动，从中获得发现新知的丰富体验
	△在反思中形成见解	学会对已有的知识经验进行反思，对问题进行多方面分析、发散性思考，从中形成自己的见解
	★尝试联想与迁移	内化已有的知识和经验，并能把不同学科的知识综合起来，做到融会贯通
	★尝试创新与创造	尝试利用所学知识自主设计问题，合理利用所学知识解决新问题

一级指标	二级指标	指标描述
会合作	△懂得分享与倾听	能认真倾听同伴的观点和建议；能主动分享自己的成果、疑问和观点
	△承担责任与任务	主动承担相应的任务分工，面对困难能肩负起自己的责任
	△开展评价与互助	能客观地自评和互评，耐心指导学习困难的同伴
	★学会尊重与欣赏	服从团队安排，信赖同伴，能发现每一位团队成员身上的亮点
	★凝聚智慧与精神	享受团队合作的过程，感悟奉献团队的快乐，乐于分享合作的成果
会坚持	△坚持思考与探究	养成独立思考的习惯，有积极探索的兴趣，增强自主探究的能力
	△追求质量与成果	面对困难不降低质量要求，积极应对困难直到取得理想成果
	△直面不足与失误	在学习中能直面自身存在的不足，勇于承认自己出现的错误，虚心接受他人指点
	★提升抗挫力与意志力	面对挫折，不轻言放弃，有不解决问题绝不停步的信念和行动
	★养成科学的态度与意识	领悟数学与自身发展的关系，在学习中坚持科学的态度，不断增强思维的严谨性，提升理性精神

六会评价指标（英语）

（每个一级指标对应多个二级指标，其中△为基础性指标，★为发展性指标）

一级指标	二级指标	指标描述
会观察	△观察图片图表	初步感知和描述图片及图表传递的主要内容和信息
	△观察语法现象	关注语法形式、结构、位置、功能等
	△观察语篇结构	能关注文本特征，识别文体，观察语篇的组织结构
	△观察非言语现象	在倾听的过程中，观察说话者的表情、动作、语音语调的变化，从中获取信息
	△观察生活现象	善于捕捉生活中发生的各种现象和细节，为书面和口头表达积累素材

一级指标	二级指标	指标描述
	★学会识别与判断	观察新旧语言知识之间的关联和差异，引发进一步思考
	★学会描述与记录	描述观察内容与现象；及时、准确、完整地记录语言现象和生活现象
会分析	△分析图片图表	对图片、图表的各个方面和不同特征进行系统地分析、比较；筛选、综合、提炼关键内容和信息
	△分析语法现象	发现规律，提炼规则，形成概念；比较英汉异同
	△分析语篇特征	分析字、词、句在不同语篇中的意义变化，把握主旨大意，推断隐藏含义、写作意图和作者观点态度等
	△分析非言语现象	通过表情、动作、语音语调的变化等分析说话人的语气和情绪，区分交际场合，并做出恰当的应对
	△分析生活现象	对生活中的现象和细节加以比较、提炼、概括等，形成自己的思考和见解，化为书面和口头表达的内容
	★掌握对比分析法	能对不同事物、多种语料和语言现象等进行对比分析，找出其中的区别和联系
	★学会多种分析手段	能运用归纳、演绎、推理的方法进行分析
会质疑	△发现困惑与问题	对文本内容的科学性、作者观点态度、他人的观点态度产生困惑，提出质疑
	△寻找证据与支持	面对困惑与问题，通过多种渠道（网络、工具书、专家）为自己提出的质疑找到实证
	△确立观点与立场	提出新的观点和立场，并通过讨论，进一步完善
	★掌握质疑方法	打破思维定势，善于捕捉差异，精于逻辑思辨，合理展开想象，充分提供证据
	★养成质疑习惯	养成独立思考的意识和大胆质疑的行为习惯
会应用	△模仿语言与结构	能模仿标准的语音语调进行交流与表达，能模仿经典范文进行写作
	△完成活动与任务	能运用所学知识完成课中及课外的各种练习、活动和任务
	△解决实际的问题	能运用所学知识解决生活和实践中相应问题或应对日常交际任务

一级指标	二级指标	指标描述
	★尝试联想与迁移	内化已有的知识和经验，并能把不同学科的知识综合起来，做到融会贯通
	★尝试创作与创新	利用所学知识改编课本剧，制作海报，进行演讲辩论等
会合作	△懂得分享与倾听	能认真倾听同伴的观点和建议；能主动分享自己的成果、疑问和观点
	△承担责任与任务	主动承担相应的任务分工，面对困难能肩负起自己的责任
	△开展评价与互助	能客观地自评和互评，耐心指导学习困难的同伴
	★学会尊重与欣赏	服从团队安排，信赖同伴，能发现每一位团队成员身上的亮点
	★凝聚智慧与精神	享受团队合作的过程，感悟奉献团队的快乐，乐于分享合作的成果
会坚持	△坚持规范与效率	树立端正的学习态度，逐步形成科学的学习方法，养成良好的学习习惯，按时保质保量完成学习任务
	△追求质量与成果	面对学习困难不退缩，积极应对直至取得理想成果
	△直面不足与失误	在学习中能直面自身存在的不足，虚心接受他人指点，不断完善和改进自己
	★提升抗挫力与意志力	面对挫折，不轻言放弃，有不解决问题绝不停步的信念和行动
	★提升人文素养和文化意识	英语学习中，不断提升人文素养，注重个人修行；逐步提高跨文化交际能力,形成文化意识

二、"六会"教学法的实践成效

（一）实现学校课堂文化变革

"六会"教学法研究体现"和谐课堂"的文化理念，即人与人关系平等和谐，具体表现为教师与学生之间、学生与学生之间的和谐发展，形成师生共同发展，携手并进的教学生态。本项目的实施，顺利达成了预设目标，教学三维目标得到有效落实，学生知识、能力、态度等各方面素养得到和谐发展。

"六会"教学法研究的课堂行动文化之"创智生成"具体落实在课堂中学生"六会"能力目标培养的达成。教师能够在课时教学或单元教学中落实学校课堂文化变革的理念，在制订教学目标时能适当地关注"六会"能力培养的分层目标制定，运用恰当的教学策略设计相应的教学活动，并通过课堂观课评价表的有效运用诊断课堂实践的各个环节。

在专家的指导下，在骨干教师团队的群策群力下，我们制定了项目研究过程中的"六会"能力评价指标，其中包含基础性与发展性指标，更好地激励学生深层次的学习。如在基于学生"会观察"能力培养的课堂实践研究中，语文、数学、英语三门学科核心组成员开设了实践研讨课，同时带动了学校教研组的研修活动。教师自行设计观察表和评价指标，运用"创设情境＋设疑"的有效教学策略，实现学生"会观察"能力的培养，从而也确立了学校课堂观察表的模式。同时，以上海市中小学项目标准为依据，核心组成员与教研组学科教师一起研讨完成了不同年级段、不同学科"六会"达成目标的界定；对语文、数学、英语三门学科培养学生"六会"能力目标进行了细化，并针对课堂"六会"培养而运用的教学策略进行了课堂教学、课堂观察表、观课记录表、相关评价指标的设计。

（二）提升教师课堂实践能力

没有教师高品质的教，就没有学生高品质的学，教师需要及时转变自身的课堂教学形态。通过打造高品质课堂，形成一支有先进理念、有实践能力的教师队伍，助力学生学习品质的提升和综合素养的培育。项目研究让教师在项目驾驭能力、教学设计能力、教育研究能力方面得到了有效提升。

改变教学方式，做学生自主探索的同路人。一个项目的实施是否成功，不仅仅取决于学生收获了多少，还取决于教师在实施过程中是否有成长和收获。

1. 知识和理念的提升。本项目的实施使教师改变了以往的教学模式，课堂不再是教师讲、学生听，以教会学生知识为目标，而是引导学生发现问题、自行解决问题。教师的任务不再是教给学生知识，而是引导学生自行摸索获取知识、提升能力的方法，即所谓"授之以渔"。教师要做的，就是不断地为学生解决问题铺设台阶。其次，项目所体现的理念及教学方式对于教师来说也是极大的挑战。比如我们鼓励学生大胆质疑，这就要求教师要有足够的知识储备。我们知道，要给学生一杯水，教师要有一桶水。随着信息检索工具的日益发达，学生获取信息的途径越来越多，现代教师要应对学生的质疑仅有一桶水是远远不够的，而应该有"自来水"。教师要在日常生活中多学习，多涉猎不同领域的知识，丰富自己的知识结构。对于教师不太涉及或者生疏的内容，需要在课前查阅很多的相关资料进行学习，有时也需要向其他学科的教师虚心请教，与同组老师交流讨论。这加深了组内教师间的交流与合作，无疑也促进了教研组建设。

2. 课堂组织能力的提升。在课堂中，教师需要时刻关注学生的学习状态，关注不同学习能力学生的发展。如开展分组学习的时候，合理搭配好小组成员，及时调整不同组之间的差距，促进小组成员间的合作。在这个过程中，教师的协调、组织能力能得到充分的提升。

3. 职业成就感的提升。教师的成就感源于学生。学生通过学习，能获得情感、态度、价值观及学习方法与能力的提升，乐于解决生活中的问题，也有能力解决生活中的问题，这些都是教师职业成就感的来源。经过几年的行动研究与实践探索，学校教师对课堂建设有了较为清晰的认识，慢慢理解新时代课堂中教师的"教"与学生的"学"的新定义。许多中青年教师在课堂中已经能有效运用教学策略培养学生"六会"能力。学校的课堂已经一改往日过于传统的格局，师生平等融洽的课堂生态逐渐形成，学生学习的兴趣也越来越浓。

（三）促进学生综合素养提高

1. 学习兴趣的提升。在课堂中，教师给予学生充分思考、讨论、设计、实践的空间。学生能充分进行思考分析，开展小组合作学习，在合作学习的氛围中实现共同进步。教师做到以学生为本，从学生的实际出发设计教学活动，适当开展课外活动，增强师生之间的情感交流，促进学生学习兴趣的提升。

2. 思维品质的提升。在课堂实践的过程中，教师鼓励学生大胆质疑，促使学生敏于观察，勇于提问，学生的思维品质逐步得到提升。学生乐于将自己的问题分享给其他同学，也乐于将自己的发现分享给其他同学，并通过课后自主查阅资料，解答自己的疑问。这样的学习不是源于教师布置的任务，不是源于课本的题目，而是真正为了解答自己的疑问而进行的自发性学习。

3. 综合能力的提升。项目实施至今，我们重点围绕学生"六会"能力的培养开展了系列课题研究。通过课堂生态的改善，教师教学理念及教学方式的改善，实现了学生学习方式的改变，进而提升学生的综合能力。学生的观察能力、分析能力得到了有效提升；合作意识及合作能力得到了培养；遇到困难不退缩，持之以恒的态度逐步形成；质疑能力及知识的应用能力得到了显著提升。

三、 深化"六会"教学法的思考

（一） 拓宽"六会"教学法实施的主体范围

"六会"教学法研究目前主要在语文、数学、英语三门学科的教学过程中加以实施。事实上，提升学生综合素养、综合能力的过程应该贯穿于教育教学活动的方方面面。除了语文、数学、英语三大课程外，物理、化学、生物、地理、科学等理科学习侧重于培养学生的科学素养；政治、历史等人文学科侧重于培养学生的人文素养；音乐、体育、美术、劳动技术等学科侧重于学生的美育、体育及劳动教育。作为基础型学科的有机组成部分，这些学科在培养学生的核心素养，在"五育融合"方面的作用不容忽视。因此，下阶段，我们计划将前期在三门学科中获得的经验运用于其他学科，拓宽项目实施的主体范围，更好地达成项目的预期目标。

（二） 加强"六会"教学法实施的整体效度

项目实施是将项目计划付诸实践的过程，是实现预期目标的基本途径。教师作为项目的执行者，其执行效度是影响目标实现的关键。加强项目实施的效度，能促进教师专业成长和学生的个性化发展。从本项目在三门学科中的实施情况来看，教师对项目的内涵、各环节的设计意图的理解较为深刻，这基于前期课堂实践过程中教师对项目进行了细致而深入的研究。如果要进一步提升本项目的实施效度，需要在教师、学生、资源等方面做好充分的准备。首先，要加强项目实施的效度，对项目执行者即教师进行全面、系统的培训，帮助教师对本项目设计的理念、项目预期目标、项目内容、实施策略等方面有一个全面的了解，保证项目的正常开展，提高项目的有效性。项目的开发与实施能促进教师之间更多的沟通，通过教师之间的沟通和合作，也能反推项目的发展。其次，从学生角度来看，要完善项目本身的内容和形式，使其更能贴合学生的兴趣点，激发学生的学习兴趣，让更多的学生在课堂上获得成就感，促进学生的全面发展。

（三）扩充"六会"课堂环节的实践内涵

聚焦当前课堂状态，不难发现两个鲜明的现象：一是学生的学习活动呈"放养式"的无序状态，学生可以随意交流、随意提问；二是学生被动学习，跟着教师的要求一步步走，学习过程处在教师的严格控制下。无论是哪种情况，都和本项目的设计初衷相距甚远。要提升课堂的实践内涵，主要从以下几个方面着手：

一是要制定课堂规范。在鼓励学生观察、思考、合作、质疑的同时，必须制定一个规则，要求学生严格执行，这样才能让课堂活而不乱。

二是要精心设计问题，引发学生的问题意识。当学生有了疑问并产生想寻求答案的愿望，其主动学习才进入真正的准备状态。在学生自主学习之前，教师首先根据生活中的现象设计一些问题，在思考与讨论环节，引发学生对生活现象的观察与思考，从而产生解决问题的愿望。

三是要鼓励学生观察与思考，推进学习过程的深入。教师可以设计问题链引发学生深层次的思考，鼓励学生发现新的问题。教师还应鼓励学生不断拓展与运用新旧经验，使学生的学习热情能持续下去。

四是要关注过程性评价，使知识在学习中不断生成。教师应在学生学习过程中充分利用评价功能，引导学生沿正确的路径开展学习活动。

第一章

会观察：智慧创获最重要的能源

观察是一种积极的智力活动，是发展智力的途径，是智慧创获最重要的能源。学生的学习离不开观察，各科教学中只有运用观察，才能使学生对学习对象获得鲜明、生动、具体的感性认识，积累丰富的感性经验，再通过抽象概括达到理性认识。作为一种主动知觉过程，观察力在课堂教学过程中起着非常重要的作用。

第一节　观察是学习者的第一美德

一、"会观察"的价值

在现实生活中，人们对客观事物的认识主要依赖于观察。历史上，大多智力非凡的人，其观察能力都是比较强的。著名的法国昆虫学家法布尔，从小就喜欢观察动物，通过观察，他对昆虫产生了浓厚的兴趣，后来终于成为颇有成就的昆虫学家。许多大作家、艺术家，为了选取一个人物原型，不知要观察多少次，不知要观察多长时间。据说，达·芬奇为了寻找《最后的晚餐》的犹大原型，曾经花费了很长一段时间去观察，以至于作品中犹大的位置空了很长一段时间。

观察力对研究自然科学的作用是极为重要的，同样，它对于文学创作也是必不可少的。鲁迅先生曾这样教育青年："如果要创作，第一要观察。"法国著名文学家、"短篇小说之王"莫泊桑 13 岁开始写诗，他敏锐的观察能力是令人称道的。他的老师福楼拜要求他敏锐透彻地观察事物。莫泊桑遵从师教，逐渐养成了能够发现"其他人没有发现过和没有写过的特点"。后来，当他在谈到作家应该细致、敏锐的观察事物时这样说："必须详细地观察你想要表达的一切东西，时间要长，而且要全神贯注，才能从中发现没有人看到与说过的那些方面。"

在教学活动中，对学生进行观察方法的指导是帮助学生充分感知事物、认识事物的有效途径。尤其是对于初中学生来说，他们的观察能力处于逐步形成并快速发展的时期，教师应及时抓住这一时机，引导学生认识观察的重要性，掌握基本的观察方法，培养一定的观察能力，养成良好的观察习惯，这对学生今后的学习和生活具有重要意义。观察是学习知识的一种重要手段。作为一种有目的、有计划的主动知觉过程，观察力在课堂教学过程中起到了非常重要的作用。观察力是一种能力，这种能力是主体有目的、有计划的能动感知能力，是大脑主动获取、加工原料的保证，是智慧和思维生发的基础。以语文学科的学习为例，初中生对于语文的学习要以观察力为基础，这是他们走向成熟、走向深刻的必要条件，因为只有和文章作者的观察力相契合，才能获得较深刻的心理体验，才能引起情感的共鸣，才能让文章发挥它的教化之功。

二、"会观察"的含义

"观察"一词，现代汉语词典对其的解释是：仔细察看事物或现象。其实，观察是有目的、有计划、有方向、较持久的知觉。它是以视觉为主，融其他感觉为一体的综合感知，是知觉的一种高级形式。观察中包含着积极的思维活动，因此，人们也把它称为思维的知觉。

观察是人们认识世界、获取知识的一个重要途径，也是科学研究的重要方法。一切科学实验、科学的新发现、新规律，都是建立在周密、精确、系统的观察基础之上的。居里夫人的女儿曾把观察誉为"学者的第一美德"；巴甫洛夫一直把"观察、观察、再观察"作为座右铭，并告诫学生："不学会观察，你就永远当不了科学家。"学生的学习也离不开观察，各科教学中只有运用观察，才能使学生获得学习对象的鲜明、生动、具体的感性认识，积累丰富的感性经验，并通过抽象概括达到理性认识。

三、"会观察"的学科内涵

观察是学习知识的一种重要手段，有效的学习离不开敏锐的观察力。作为一种有目的、有计划的主动知觉过程，观察力在课堂教学过程中起到了非常重要的作用。观察在学生的学习活动中具有重要价值，教学生"会观察"也是教学活动的重要内容。

由于不同学科教学内容、教学方法的差异，因此不同的学科，学生需要观察的内容、使用的观察方法不一样，观察的要求也不尽相同，"会观察"在不同学科中也就具有了不同的内涵。同时，随着学生年龄的增长，观察能力也在逐步增强，对不同年级的学生，观察内容及观察要求也相应有所不同，具体如下表所示：

表 1-1　不同年级语数英三门学科的观察内容及要求

学科内涵	年级	观察内容	观察要求
语文： 对文本的特点进行感知活动。	初中低年级的学生（6—7年级）	观察并解读课本中所配备的图片，通过观察课文图片，大致理解课文背景和内容。	学会通过观察，理解生活中常见的标志和图表提供的语言信息。
	初中高年级的学生（8—9年级）	学会观察相应的语言现象。	能够结合上下文，在没有图示图表的帮助下，明白文章的框架结构及层次。
数学： 对数形的特点进行感知活动。	初中低年级的学生（6—7年级）	观察图形的特点和简单的运动轨迹等。	能用一定的方法，按照一定的顺序观察图形，描述图形特征。
	初中高年级的学生（8—9年级）	通过数形结合，多角度观察数字与图形的关系。	能从多个维度观察数字和图形，归纳数字和图形的关系。
英语： 对英语的语言特点进行感知活动。	初中低年级的学生（6—7年级）	学会观察并解读课本中所配备的图片，通过观察课文图片，大致理解课文背景和内容。	能理解生活中常见的标志和图表提供的语言信息。
	初中高年级的学生（8—9年级）	学会观察相应的语言现象。	在观察语篇时，能够结合上下文，在没有图示图表的帮助下，明白文章的框架结构及层次。

第二节 学科不同观察侧重点不同

不同的学科，观察的侧重点是不同的，观察的方法也不尽相同。那么不同的学科学生要观察什么，具体到达到的目标是什么，怎样评价目标的达成度？以下以语文、数学、英语三门学科为例，分别列表说明各学科"会观察"的评价指标及评价描述。

一、语文学科"会观察"能力的评价

表 1-2　语文学科"会观察"能力评价指标与评价描述

一级指标	二级指标	评价描述
会观察	1. 了解目标与内容	明确每次语文活动的目标、对象、任务和基本过程。
	2. 掌握技能与方法	观察具备科学性、准确性、全面性、细致性，有明确的目的性，能抓住重点。
	3. 学会描述与记录	能及时、准确、全面地记录文本内容和描述阅读写作过程及伴随的现象。
	4. 学会总结与归纳	注意观察文本的条件和范围，归纳得出科学、完整的结论。
	5. 学会甄别与判断	能观察到新文本或新语文现象与已有知识和经验的相同、不同之处，引发进一步思考。
	1. 会观察文本中的汉字、词语和句子，了解标点符号和修辞方法的使用情况	有较强的独立识字能力，并能用普通话正确、流利、有感情地朗读课文；在理解课文的过程中，体会逗号、句号、分号、顿号、引号及破折号的具体使用情景；能够识别比喻、拟人、夸张、排比、对偶、反复、借代、通感等修辞手法和叙述、议论、描写、说明、抒情等表达方式。
	2. 掌握观察文本汉字、标点符号、修辞使用情况的方法	能够全面、细致、有重点地观察课文中的重点字词、标点和修辞方法。

一级指标	二级指标	评价描述
	3. 会记录与描述文本中所观察到的重点内容	在学习课文的过程中，能够将自己观察到的内容记录下来，并对某些文本现象进行一系列的描述。
	4. 会观察文本所包含的信息	了解文本所涉及的作家信息及文学常识，并在阅读的过程中了解并总结文章的主要内容、表达顺序，体会作者的思想感情。
	5. 会观察周围事物并积累见闻、感受作为写作素材	养成留心观察周围事物的习惯，并能将自己的所见所闻所感作为写作素材积累下来。
	1. 准确通读文本	每分钟默读字数不少于300字，能借助工具书与书下注释厘清生字词。
	2. 了解文章大意	能概述文章主要内容，简述文中重要情节。
	3. 掌握文学常识	能结合书下注释了解作者简介及其代表作品。
	4. 体会修辞效果	准确找出文中所用排比、拟人、比喻、夸张等修辞手法，感悟其在文中的具体含义。
	5. 明确单元主题	观察单元主题与单元内选文的联系，整体把握该单元的核心思想。

二、 数学学科"会观察"能力评价

表1-3 数学学科"会观察"能力评价指标与评价描述

一级指标	二级指标	评价描述
会观察	1. 会审题与能读图	遇到问题能仔细审题，并圈划出重要条件，会读图，有较强的形象思维和空间感。
	2. 掌握技能与方法	观察具备科学性、准确性、全面性、细致性，有明确的目的性，能抓住重点。

一级指标	二级指标	评价描述
	3. 学会发现与辨析	善于观察，能发现题目中的规律、特征、条件、关系、错误等，善于思考辨析。
	4. 学会总结与归纳	注意观察问题产生的条件和范围，归纳得出科学、完整的结论。
	5. 学会甄别与判断	能观察到新概念或新问题与已有知识和经验的相同、不同之处，引发进一步思考。
	1. 了解目标与内容	明确观察的对象、任务和基本过程。
	2. 掌握技能与方法	观察具备科学性、准确性、全面性、细致性，有明确的目的性，能抓住重点。
	3. 学会描述与表达	能正确使用数学语言表达数或式之间的数量关系、公式的结构特点、几何图形的结构特点、数学命题的题设部分和结论部分。
	4. 学会总结与归纳	能用数学语言、符号归纳得出完整、严谨的结论。
	5. 学会甄别与判断	能观察到新事物或新现象与已有知识和经验、相似的数学名词、结构类似的几何图形的异同之处，引发进一步思考。
	1. 了解题目的内容与要求，找到题目中的关键信息	明确题目考点。
	2. 学会描述与记录，观察数与式的变化规律以及几何图形的结构特点	能用语言准确叙述规律与特点。
	3. 观察操作，学会总结与归纳，描述图形运动后的特点与变化	注意观察中的变与不变和特殊情况，并记录。
	4. 概念上学会辨析	得出新知与旧知的相同与不同之处。

三、英语学科"会观察"能力评价

表 1-4 英语学科"会观察"能力评价指标与评价描述

一级指标	二级指标	评价描述
会观察	1. 明确重点与难点	能了解每课要求掌握的音标、单词、语法、句型。
	2. 了解背景与内容	观察每课课文图片等相关信息，理解背景和内容，了解课文大意。
	3. 学会理解与描写	根据课文图片，正确地理解内容，能用短语或句子描述系列图片，编写简单故事。
	4. 掌握总结与归纳	通过课文中出现的语法现象，能总结语法使用规律。
	5. 学会比较与运用	根据课文所传达的内容，通过思考，进行信息筛选，得出所需的有用信息。
	1. 词语观察	找到规律并触类旁通；规律记忆并运用；熟记并分类记忆；流利阅读并记忆。
	2. 句子观察	观察结构并熟练运用；掌握结构并能造句；准确理解并分析结构；理解语句。
	3. 文章观察	把握文章并学以致用；分析文章结构；理解大意进行段落分析；理解文章大意。
	4. 图片观察	具有自我构思表达能力；图片与文章相结合；准确表述图片；理解图片内容。
	5. 语法观察	与情景结合运用；能够运用语法点；理解记忆语法点；熟练记忆语法点。
	1. 了解目标与内容	观察课本不同单元板块，明确学习目标和任务。
	2. 掌握技能与方法	观察课本中所配备的图片和事例，理解课文所传达的含义，抓住重点。
	3. 学会理解和记录	认真听课，准确、全面、细致地将上课内容记录下来。
	4. 掌握归纳和总结	能注意到课本中反复出现的语法现象，归纳并找出其使用规律。
	5. 学会对比和联系	能将观察到的新语法现象与过去知识进行对比，找出相同、不同之处，引发进一步思考。

以上表格清晰地列出了各学科"会观察"能力评价指标与评价描述，教师可对照表格进行教学设计，有计划地在教学过程中加以实施。正所谓评价设计应先于教学设计，教师在进行教学设计之前要对教学效果进行可观察、可测量的评价设计，或称之为评价导引教学。明确评价标准可指导培养目标的落实。这种设计给了教师更多的创造空间，有了清晰的教学目标，有了明确的评价意识，教学内容真正成为了一种载体。教师可以依据"目标"的要求，真正地"用教材"，而不是"教教材"。

第三节　观察力的获致与养习

施教之功，先在激趣，巧在授法，重在练化，贵在养习。培养学生"会观察"同样也需要做到以上几点，即先激发学生观察的兴趣，再教授观察的方法，同时在日常学习活动中鼓励学生经常运用，久而久之，必能让学生养成乐于观察的态度及善于观察的能力。

一、创设情境，意在激趣

两千多年前，孔子曾经说过："知之者不如好之者，好之者不如乐之者。"学习离不开兴趣，兴趣是学生学习活动强有力的动机之一。尤其是对于初中生而言，主动获取知识的意识和能力还未形成，学习的动力很大程度上来源于兴趣。

例如，培养数学观察能力，可以激发学生学习数学的热情，而学习热情的迸发，又反过来促进数学观察能力的提高。在初中数学教学中，面对数量关系、几何图形、逻辑推理等内容所具有的多样性、复杂性和发散性的特点，教师可通过创设情境、实物观察、动手操作等多种教学手段，增加学生深入观察、探寻新知的乐趣，引导学生主动观察、乐于观察。

例1　概率的应用

在一副扑克牌中拿出红桃 J、红桃 K、黑桃 J、黑桃 K，共 4 张牌，洗匀后从中任取 1 张牌，恰好是红桃的概率是多少？从中任取 2 张牌，恰好同花色的概率是多少？随机抽取一张牌后，再随机抽取一张牌，恰好同花色的概率是多少？随机抽取一张牌后放回，再随机抽取一张牌，恰好同花色的概率是多少？

教师以学生生活中熟悉的纸牌引入，成功地激发了学生的学习兴趣。通过对抽取纸牌这一游戏过程与结果的观察，帮助学生理解概率计算的基本方法。

例2　一元二次方程的解法——配方法

配方法这一学习内容对于学生而言是个学习难点，教师如果直接介绍配方法，不免显得生硬，学生容易产生困惑，难以理解。于是，教师对教学方法进行了改进，巧妙地指导学生进行观察，化繁为简，帮助学生理解。比如，利用拼图游戏引入，要求学生将四个已知图形拼成一个大正方形，观察并研究图形的变化规律，以形助数，数形结合。学生通过不同的拼图方法，列出不同的式子。在学生通过观察直接地了解了图形变化的规律后，教师再引导学生联系到如何用配方法的原理解一元二次方程。这样，将生涩难懂的数学方法直观地呈现，不仅能激发学生的学习兴趣，还能使观察对象更具体，学生的学习感悟也更深刻。

例3　轴对称图形

教师利用多媒体课件向学生呈现多幅具有对称美的图案，引导学生对图形进行观察，将学生带入轴对称图形的缤纷世界，让学生感受对称之美，并探究其中蕴含的数学知识。这样的观察，将数学的知识性与趣味性和谐地统一起来。

二、 精心设计，巧在授法

由于受年龄、阅历等方面的限制，初中生的观察能力有限。不良的观察习惯和不正确的观察方法，不仅达不到观察的目的，还会分散学生的注意力。因此，教师在激发学生观察兴趣的基础上，要指导学生掌握正确的观察方法，让学生学会有目的、有选择、有顺序、有侧重地观察。

（一）　明确观察的目的

观察是一种有目的、有计划、比较持久的知觉过程。初中生往往缺乏对事物的整体感知能力，容易只是观察事物表面的、浅显的部分。在教学过程中，教师要着重培养学生对观察目标的定向能力，引导学生学会感知对象，紧紧围绕确定的目标展开观察，培养其观察的目的性。然后，依据观察目的，教师可指导学生有计划、有步骤地进行深入观察，分析观察对象的内在规律，从而感知事物的全貌及其各部分之间的内在联系。如果学生在观察时随心所欲，就会缺乏对事物的全面把控。因此，教师要引导学生遵照观察程序，并及时补救学生在观察中的遗漏，帮助学生实现观察的全面性。此外，在观察过程中，教师还要引导学生抓住事物的特征，揭示观察对象的本质，以确保观察的精确性。

善于抓住事物的特征，是认识事物本质的关键。在组织学生观察的过程中，教师要启发学生学会将已知条件特殊化，发现观察对象的本质特征，从而实现观察的精确性。

（二）选择观察的对象

观察的对象需要选择，应指导学生有针对性地进行观察。比如，可以指导学生观察最能反映学科特征的，最有代表性的事物，如观察数学的图形，观察语文的表达方式，观察英语单词的构成规律等。再如，可以就普遍存在的问题指导学生观察。如当前学生作文中较普遍存在的语言苍白、情感荒芜、思想贫瘠、语句粗疏、描写平淡等问题，究其根本是作为学生智力因素之一的观察力过于缺乏。如果教师能有针对性地指导学生观察，让学生去观察优秀作家的优秀作品的字、词、句的特点，感受修辞手法的运用和作用，感悟文章的中心思想，品味作者的写作意图，感受作者的情感，引起情感共鸣，才能让文章发挥出它的教化之功。

（三）指导观察的顺序

观察对象选定以后，如何指导学生一步步去观察，需要老师做细节化的构想和合理化的组织。这样，一方面使观察活动有顺序进行，让学生获得的材料是有序的；另一方面，观察程序的安排使观察活动更为引人入胜。

要使学生坚持对具体事物的观察，保持学生观察的兴趣，提高观察的效果，就必须教给他们观察的方法。观察的方法一般来说可分为：由近及远、由远到近、从上到下、从下到上、从左到右、从右到左、由外到内、由整体到局部、由局部到整体、由易到难、由表及内等。在实际教学中，逐步将这些方法教给学生。充分利用课本中的插图，是教会学生观察方法的一个重要手段。例如观察景物，可让学生学会从前到后、从左到右、由远及近、从上而下的观察方法；观察人物外貌，可让学生学会抓住人物的特点来观察的方法；观察数学图形，可教会学生用比较法进行观察。注意在观察具体事物的过程中，加强边观察边指导，是教给学生观察方法的有效措施，同时，也要本着由易到难的原则，先进行一、两种观察方法的指导，随着年级的升高、知识的增长，逐步对一般的观察方法进行综合运用。

（四） 强调观察的重点

初中生喜欢新鲜事物，但观察事物时往往比较笼统、不精细、不注意事物的特点，不善于区别事物之间的差别。这就要求教师在平时注意积极引导，逐步培养他们观察事物的兴趣，提高其观察的能力。

引导学生观察并收到较好的效果，就必须注意学生年级、智力上的差异，以及年龄、性别、爱好上的差别。教师可把初中生分为两个阶段：六、七年级为低年级，八、九年级为高年级，对每个阶段的学生提出不同的观察要求，循序渐进，逐步提高。

三、 循序渐进，重在练化

学习方法的培养不是一两节课就能达成的，需要循序渐进，通过不断地练习加以巩固，培养学生"会观察"也是如此。教师可用一节课重点教会学生某一种观察方法，而学生熟练掌握观察方法则需要勤加练习。教师可创设各种情境，创造各种机会让学生去观察，由简到繁，循序渐进。久而久之，学生就能熟练掌握并灵活运用各种观察的方法，真正学会观察，让观察成为一种常用的学习方法。

四、 温故知新，贵在养习

在不断巩固的前提下，帮助学生将观察内化为一种学习习惯。在整个学习的过程中，能自觉地、习惯性地运用观察法开展学习，形成乐于观察的品质，养成善于观察的能力。

一般来说，一个人的学习能力是指在很多种基本活动中表现出来的能力，如观察力、记忆力、抽象概括能力、注意力、理解能力等，其中观察力是其他学习能力的基础。熟练掌握观察方法，可以为学习提供有力的支持。

第四节　创造机会开展观察活动

教师在教育教学过程中，尝试创设情境，为学生开展观察活动创造机会，教会学生观察方法，锻炼观察能力。在教师的教学设计中，我们不难发现一些鼓励学生观察的痕迹。教师在教学实践中指导学生观察，逐步提高学生的观察能力。

一、拓宽观察广度，亲近自然、融入社会

"社会参与"是"核心素养"的三大板块内容之一，它强调学生能处理好自我与社会的关系，养成现代公民所必须遵守和履行的道德准则和行为规范，增强社会责任感，提升创新精神和实践能力，促进个人价值实现，推动社会发展进步，发展成为有理想信念、敢于担当的人。而这些素养的培养，不可能仅通过学校课堂教育教学达成。

宋朝大诗人陆游曾对他的儿子说："汝果欲学诗，功夫在诗外。"这看似简单的一句话，却是陆游对其一生写作探索和实践的高度浓缩与概括。要想写好文章，不单单要在文章本身上下功夫，还得练好"诗外功夫。"这"诗外功夫"指的就是学生必须具备的观察能力、感受能力和想象能力。延伸到学生的学习活动，不仅要在课本知识上下功夫，更要在生活、社会、自然界中通过观察、感受去获得切身体会和真实的情感体验。有系统地观察自然界和人类社会中的现象能够大大提高学生的观察力，并且获得许多有用的实际技能，同时提高学生的学习兴趣，使他们对理论知识有更深入的理解。

因此，我们认为，学习的内容不仅在课堂，还应该更多地亲近自然，融入社会。观察作为重要的学习方法，同样具有更广泛的内容，不仅要会观察和教材相关的内容，更要到大自然去观察自然现象，到社会中去观察社会现象，将课本知识与生活实际联系起来。

背　影

教学目标：

　　1. 了解作者及其相关的经历。

　　2. 观察描写人物行为的基本方法。

能力目标：

　　体会文章语言的特点。

情感目标：

　　珍视亲情，增进与父母之间的交流。

教学重点

　　深入体会文章表现的父子间的深情。

教学难点

　　理解文章质朴、含蓄、动人的语言。

教学方法

　　采用"情境导入——整体感知——精读品析——欣赏体味——拓展迁移"的教学模式，倡导教师从必要的牵引到放手，到学生"自主、合作、探究"的学习方式的转变，构建师生间和谐、平等、互动的语文课堂。

　　以"会观察"能力的培养为重点进行人物行为的观察视角和观察方法的指导。

教学课时：2 课时

教学过程

　　一、导入

　　作为新时代的青少年，虽然被父母浓浓的爱包围着，但大多数却认为理所当然，很少真切地体会到父母的拳拳爱子之情。因此，我在开始讲课前，就用孟郊的《游子吟》带学生走进亲情的世界，由感受母爱到谈论父爱，为诵读、品悟父亲的背影蓄势。

二、整体感知

播放《背影》的朗读录音，以质朴的文字，感人的画面，让学生整体感知，学生再自由诵读，初步了解作者的写作意图。这样的设计遵循渐进原理，由浅入深，为品读课文做好铺垫。在学生听录音带的时候板书文内重要的字词。

簌簌（sù）　　赋闲（fù）　　踌躇（chóu chú）　　差使（chāi）

颓唐（tuí）　　蹒跚（pán shān）　　琐屑（xiè）　　交卸（xiè）

三、作者及作品

朱自清，原名自华，字佩弦，号秋实。现代著名的诗人、散文家、学者、民主战士。

主要作品：诗集《毁灭》《踪迹》　散文：《匆匆》（七年级学过）、《荷塘月色》（高一学）、《背影》

四、文章脉络

第一部分（1）：开篇点题，点出背影。

第二部分（2—6）：回忆往事。

第三部分（7）：别后思念。

五、具体研习课文内容（主要运用教师提问，学生问答的方式）

1. 教师提问：《背影》这篇散文因其成功地描述了"父爱"这一主题而被人们广为传诵。读完这篇散文之后，你觉得作者是通过选取什么角度来表达"父爱"这一主题的？

明确：作者是通过选取"背影"这个角度来表达"父爱"这一主题的。

2. 本文的题目是"背影"，文中一共几次写到"背影"，作者是通过什么方式进行观察的，重点观察了什么内容，突出了人物的什么特点？

明确：共有四次，第一次：点题的背影；第二次：买橘子的背影；第三次：离别时的背影；第四次：思念中的背影。

3. 这四次对背影的描写，哪一次给你留下的印象最深？（应该是第二次：买橘子的背影）指名学生单个朗读，比较哪个学生朗读得比较好，教师在朗读技巧（轻重音）上加以指导，找出应重读的词，加以体会，教师适时引导。

观察要求：作者的观察方法和描写方法。

提问：作者是怎样描写刻画父亲买橘子时的背影的？

明确：

作者对父亲买橘子时的背影进行了细致地刻画描写，作者首先写了父亲的衣着：（让学生齐读课文——"戴着黑布小帽，穿着黑布大马褂，深青布棉袍"）描写父亲的穿着突出了什么颜色？（黑色）为什么突出黑色？（穿黑色衣服与他家中死了亲人有关，黑色给人以压抑沉重的感觉，这是一个沉重的背影!）

板书：沉重

作者接着又描写了父亲走路的姿势：（让学生齐读课文）作者用了一个什么词描写了父亲走路的姿势？（蹒跚）这个词是什么意思？请同学们动手写一写这个词，并想一想，作者为什么用"蹒跚"这个词？你能体会到作者当时的心情吗？（走路蹒跚的父亲要经过铁道，一不小心就会磕着碰着，一定是令人十分担心的！这是一个蹒跚的背影!）

板书：蹒跚

板书后教师提问：作者又写了什么？（父亲爬月台）作者是怎样描写的？（学生齐读课文）这句话运用了什么描写方法？（动作描写）这个句子中作者运用了哪几个动词？（"攀"、"缩"、"倾"）为何用"攀"不用"抓"？（因为无物可抓，只能用手按住，然后用力支撑起身体向上，"攀"需要力量，而一个上了年纪的父亲，这一"攀"是多么令人揪心啊!）用"缩"字有什么好处？（"缩"字说明无处可蹬，脚是悬空的，这样全身的力量全在手上了，如果手掌支撑不住，那就有摔下去的危险。这时的儿子，心情该多么紧张啊!）同样，"倾"字用得也十分巧妙。父亲的身体肥胖，自然不像小伙子那样灵便，他"向左微倾，显出努力的样子"，这一个"倾"字表明父亲要爬上月台虽然十分艰难，但又十分努力的样子。这是一个艰难努力的背影!

板书：艰难努力

要求学生齐读这几句话，突出应重读的词。

4. 我们描写人物的肖像，常常以正面描写为主。比如："皱纹很深""两鬓苍苍"等等，本文的作者为什么不写父亲的正面，而只写父亲的背影呢？（学生的答案可能是多方面的，教师适当予以肯定）

讨论后明确：朱自清先生的散文特点擅长选取表达感情的聚焦点。本文的聚焦点就是"背影"。这张"背影"就凝聚着"深深的父爱"！日常生活中，蕴含父爱的事例还有很多，而作者只写"背影"，正好获得了以少的材料表达丰富感情的效果。这个聚焦点"背影"留给我们的印象也就十分深刻了。作者并不是第一次看到父亲的背影。这个背影对儿子来说太熟悉了，如果是在平常，父亲的背影不会令儿子感动得掉下眼泪来，感动的原因是父亲的背影出现在不平常的背景下。文章前三段已作交待：祖母去世，满院狼藉，偿还欠债，光景惨淡。失去亲人，父亲的内心是悲痛的，失业等境况又使他的内心充满了忧愁，父亲肩上的担子是沉重的，然而此时的父亲担心儿子看到家庭的变故影响学业，便宽慰儿子说："事已如此，不必难过，好在天无绝人之路！"还决定亲自送儿子上火车。在这种情况下，作者深深理解了父亲对自己深深的爱，并更加爱自己的父亲。作者这时看到父亲的背影情不自禁地流下了眼泪，这是心疼的泪水，这是感激的泪水。

5. 本文的语言是十分朴实的，特别是父亲的话，虽然不多，却含义丰富。请问：父亲一共说了几句话？（学生指出句子后，师生共同体味父亲言语里面蕴涵的深厚感情。在学生自主、探究、讨论的基础上，教师加以适当引导、点拨）

（1）"事已如此，不必难过，好在天无绝人之路！"父亲这么说的目的是什么？（这是在宽慰儿子）这时最悲痛的人是谁？（是父亲）为什么宽慰儿子？（怕家庭的变故会影响儿子的学业）父亲表面上比较想得开，但这是为了宽慰儿子，实际上他把悲痛压在了心底，不让儿子看到，这是一个多么善良的父亲啊！

（2）"不要紧，他们去不好！"父亲为什么这样说？（学生讨论回答后明确：父亲担心茶房照顾不周，还是自己去放心）

（3）"我买几个橘子去，你就在此地，不要走动。"父亲为何买橘子？（担心儿子路上口渴）父亲对儿子是多么体贴入微啊！

（4）"我走了，到那边来信。"这句话说明了什么？（说明父亲担心儿子是否顺利地到达北京）

（5）"进去吧，里头没人。"这句话的言外之意是什么？（父亲担心行李的安全）同学们看，这真是"儿行千里父担忧啊"！

这五句话没有华丽的辞藻，语言朴实，但一言一语都充满了父亲对儿子的关心体贴之情，谁说父爱不细腻，谁说父爱不伟大，这就是伟大的父爱！

六、总结梳理全文

这篇文章通过抓住"背影"这个聚焦点，运用朴素的语言，表达了"深深的父爱"这一主题。

七、布置作业

请同学们结合自己的日常生活，写一篇记述父母、祖辈、老师、同学关爱自己的文章，题目自拟。

（本课例作者：姚　懿）

二、 挖掘观察深度，关注细节、培养习惯

有个成语叫"明察秋毫"，意思是目光敏锐，可以看清秋天鸟兽新生的细毛。还有一个成语叫"熟视无睹"，意思是看惯了就像不曾看见一样，形容对事物极不关心。这两个成语都是说观察力的问题，而且与习惯是有密切关系的。观察能力强的人，会从人们习以为常的情景中发现特殊的东西，这就是创新的基础，因此培养观察能力也是创新教育的核心内容之一。

（一） 观察之前做好必要的知识准备。多数学生观察只出于好奇，他们的观察带有盲目性。如果学生没有一定的知识准备，他们甚至不知道要观察什么，可能对观察到的现象熟视无睹。为了解决这个实际问题，教师在观察之前要让学生明确观察的目的，为什么要观察，观察什么，要找出什么规律。学生明确了观察的目的，抓住了观察的重点，才能有目的地去进行观察。因此，观察之前应该帮助学生做好必要的知识准备。

（二） 观察要有目的、有计划、有步骤。初中学生往往容易被强烈的刺激或他们感兴趣的现象所吸引，而忽略了观察的目的和任务。因此教师应当指导学生制定好观察计划，要求他们严格按计划有步骤、有系统地进行观察。

（三） 观察要全面细致。世间万事万物都有一个发展变化的过程，事物的各部分之间、事物与事物之间都有着某些必然的联系。如果我们不注意全面细致的观察，就会以偏概全，犯片面性错误。因此观察必须有始有终、全面细致，只有全面了解情况，才能通过概括分析，认清事物的特征和本质。观察的

同时，还要有综合和分析，既要防止忽略整体，又要避免"疏漏细节"。

（四）培养重复观察的习惯。人的观察力是有限的，一次观察往往会忽略细小的但却是很有价值的东西，因此要进行反复观察，直到全面认识事物。观察中教师要指导学生及时、全面地记录，观察后要进行总结，检查观察的目的任务是否完成。总结的形式有书面和口头两种，书面总结除文字记载外，也可附上图表和图样。通过总结不仅可提高学生的观察能力，还可以提高其语言表达能力。

● 课例分享

三角形的有关概念

一、教学目标

1. 知道三角形的有关概念及三角形的分类，掌握"三角形的任意两边之和大于第三边"的性质并能初步运用。

2. 理解三角形的中线、角平分线、高的概念，并通过画图了解三角形的三条中线、三条角平分线、三条高所在的直线的交点情况。

3. 通过操作、观察、归纳和说理等过程初步体会分类思想，感受数学的美，逐步养成良好的数学思维习惯。

二、教学重点与难点

1. 三角形的三边关系。

2. 三角形三条中线、三条角平分线、三条高所在的直线的交点问题的探究。

三、教学过程

（一）学习三角形的概念

1. 学生观察金字塔、七巧板等有关图片，尝试用数学语言归纳三角形的有关概念。

2. 教师归纳总结：

（1）由不在同一条直线上的三条线段首尾顺次连接

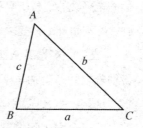

所组成的图形叫做三角形。记作：△ABC；

（2）线段 AB、BC、CA 是三角形的边（有时也用 a、b、c 来表示）；

（3）点 A、B、C 是三角形的顶点；

（4）∠A、∠B、∠C 是相邻两边组成的角，叫做三角形的内角，简称三角形的角。

（二）探究三角形的三边关系

1. 操作并填表

从四根小棒（12厘米、8厘米、6厘米、4厘米）中任选三根拼接三角形：

（1）先选择三根小棒；

（2）再将选择的每根小棒的长度填入表格中；

（3）最后拼接，观察能否围成三角形。

（学生合作学习、小组交流）

实验次数	小棒的长度			能否围成三角形画 "√" "×"

2. 思考：三根小棒的长度必须具备怎样的条件才能围成三角形？

（学生交流）

3. 归纳：三角形任意两边的和大于第三边。

$a+b>c$，$a+c>b$，$b+c>a$

4. 判断：下列线段（长度单位：厘米）能围成三角形吗？

（1）2、7、8 （5）3、3、3

（2）3、8、5 （6）2、6、3

（3）3、5、4 （7）7、7、2

(4) 4、9、6　　　(8) 5、9、5

➤ 在判断的基础上，根据三角形的特征，将三角形分类

按边：$\begin{cases} \text{不等边三角形} \\ \text{等腰三角形→等边三角形} \end{cases}$　　　按角：$\begin{cases} \text{锐角三角形} \\ \text{直角三角形} \\ \text{钝角三角形} \end{cases}$

➤ 变式：(1) 三角形的三边为 4、9、x，求 x 的取值范围。

　　　　　(2) 等腰三角形的三边为 4、9、x，求 x 的值。

(三) 探究三角形的中线、角平分线、高所在的直线的交点的情况

1. 学习三角形的中线、角平分线、高的概念

由几何画板演示，师生共同归纳三角形高、中线、角平分线的概念：

高：从一个顶点向它的对边所在的直线画垂线，顶点和垂足之间的线段。

中线：连结一个顶点及其对边中点的线段。

角平分线：一个内角的平分线与这个角的对边相交，这个角的顶点与交点之间的线段。

2. 完成下列表格

有关线段	图　形	结　论
高		
中线		

有关线段	图　形	结　论
角平分线	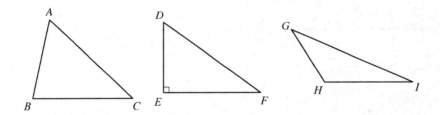	

3. 问题：

（1）在锐角三角形中，画出三条中线、三条角平分线及三边上的高，观察三条中线、三条角平分线、三条高所在的直线的交点的情况。

（2）归纳：锐角三角形的三条中线、三条角平分线、三条高相交于三角形内一点。

（3）思考：探究钝角三角形、直角三角形的中线、角平分线、高所在的直线的交点的情况。

（学生回家完成）

（四）课堂小结

1. 请学生来谈一谈收获、体会、困惑等

2. 教师小结

（1）本课知识

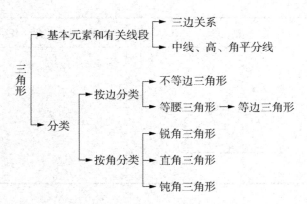

（2）通过操作、观察、归纳和说理等过程初步体会分类思想，学会用学过的知识证实猜想的正确性。

（五）布置作业：练习册 P36 14.1（1）

附：课堂观察评价标准目录

《14.1 三角形的有关概念》课堂观察评价标准目录			
核心教学目标： 会观察、会分析。			
第一层次初步"会观察、会分析"： 　　通过观察形成三角形和三角形的边、顶点、角的数学定义，理解三角形的高线、中线与角平分线，并能在各类三角形中画出它们。			
第二层次"会观察、会分析"： 　　在探索三角形三边关系的过程中，经历"实验——猜想——归纳——验证"的过程，体会由特殊到一般的思维策略，理解三角形三边之间的关系。			
高层次"会观察、会分析"： 　　渗透集合与分类讨论的思想，知道三角形三条中线、三条角平分线、三条高所在直线分别相交于一点。			
观察维度	观察视角	观察点	总体评价
学生学习	准备	学生课前准备了什么（学习用品/精神状态）？有多少学生做了准备？	
	倾听	有多少学生倾听老师讲课？（百分比）有哪些辅助行为（记笔记/查阅/回应）？	

观察维度	观察视角	观察点	总体评价
	互动	有哪些互动行为？学生的互动能为目标达成提供帮助吗？	
		学生的互动习惯怎么样？出现了怎样的情感行为（主动/被动）？	
	自主	学生自主学习的时间有多长？选取的形式是（阅读/练习/思考/探究）？	
教师教学	呈式	教师在课堂中的行为（讲解/走动/指导等）是否规范？是否有利于教学？	
		板书、媒体是怎样呈现的？是否为学生学习提供了帮助？是否适当？	
课程性质	目标	学习目标的表达是否规范？目标是根据什么（课程标准/学生/教材/纲要）预设的？是否符合该班学生？	
	内容	课堂中生成了哪些内容？教师是怎样处理的？	
课堂文化	民主	师生行为（情境设置/叫答机会/座位安排）如何？学生间的关系如何？	

（本课例作者：李　琰）

三、 提升观察高度，透过现象、认识本质

现代科学证明，人的大脑所获得的信息百分之八九十是通过视觉获得的。然而，观察不仅仅靠眼睛，我们还可以通过各种感官去获取信息，同时，还需要依靠大脑对观察到的现象进行分析才能获得有价值的知识。同样是观察，有的人只抓住了表面现象，有的人则能透过现象看到本质。因此，观察能力包括了思考能力，观察加思考，才是"会观察"的表现。

因此，我们提倡观察时善辨多思。对观察的事物要由此及彼，由表及里，发掘出事物的深刻含义。教师要随时指导学生用正确的立场、观点和方法去观察事物。与此同时，还要明确，事物的本质往往不是一眼就可以看清楚的，要养成多用脑反复思考的习惯，这样才能透过观察表面现象去捕捉事物内在的

本质。

　　培养学生良好的观察能力，使他们爱观察、会观察、善观察，从而全面提升学生的思维能力，激发学生的创新能力，对学生综合素养的提升有着积极的意义。

● 课例分享

以"会观察和会应用"为核心素养的初中英语复习课
——以《Unit 8 Growing healthy Growing strong》为例

一、案例背景

　　《初中英语课程标准》中提出，英语课程的任务是激发和培养学生学习英语的兴趣，使学生树立自信心，养成良好的学习习惯和形成有效的学习策略，发展自主学习的能力和合作精神；使学生掌握一定的英语基础知识和听、说、读、写技能，形成一定的综合语言运用能力。为了能更好地创设相应的教学环境，达成课程标准对我们的要求，我们将课堂重点主要着手于两点："会观察"和"会应用"。

　　会观察——对于初中低年级的学生（6—7年级）而言，要学会观察并解读课本中所配备的图片，通过观察课文图片，大致理解课文背景和内容。通过观察，能理解生活中常见的标志和图表提供的语言信息。对于初中高年级的学生（8—9年级）而言，要求他们学会观察相应的语言现象，尤其是在观察语篇时，学生能够结合上下文，在没有图示图表的帮助下，明白文章的框架结构及层次。

　　会应用——则需要初中低年级的学生（6—7年级）能听懂英语国家人士内容浅显的话语，并能进行简单的交际，借助词典阅读包括信件、广告、说明等形式的语言材料，理解意思，并能在整体理解文章的基础上进行推测判断，能填写表格，能书写简短的信件。对于初中高年级的学生（8—9年级）而言，能从广播、电视、网络等常见的媒体手段中获取基本信息，能不借助词典读懂含有少量生词的语言材料，就一般的话题进行简单地描述，表达个人意见和想法，能根据要求写不少于60个词的短文，内容贴切，意思连贯，语言基本正确。

本堂课取自七年级第一学期"Unit 8 Growing healthy, Growing strong"。本课主要关注了饮食健康这一主题，是学生们非常熟悉的一个内容。因此为了更好地激发学生们对该主题课堂的兴趣，我在这节复习课中设置了白雪公主这一人物。同时，也在复习的过程中，为了培养学生"会观察"及"会应用"的能力，我设计了以下环节：1. 观察图片表格，复习本课中的词汇及词组；2. 通过所给的练习反思及复习课文中的有关句型；3. 将课堂中所复习的所有内容融入最后的作文部分。

学生分析：作为课堂的主体，我所教授的初二（2）班具备以下特质：喜欢较为轻松的课堂氛围，对卡通动漫有关的事物感兴趣。同时，在课堂表现方面，学生们也喜欢举手发言，希望得到老师的关注和表扬。因此，针对学生们现有的状态，在本堂课中，我设计了一连串有关白雪公主的问题，引发学生们的思考，激发他们自我学习，从而达到通过一系列的练习，最终复习整个课时中所涉及到的重要单词、词组以及句型的目的。

教学目的：本节课的课型为一堂复习课，因此本节课的最终目标就是串联起本课中所有学习到的词汇以及语法，帮助学生通过相关联系对本课有进一步的了解。如何把知识点一步步串联起来，由浅入深地激发学生们的学习能力成为了本堂课的一个重点和难点。在本堂课中，我采取了情景设置这一教学手段（即利用学生们的观察能力），目的在于通过学生们比较熟悉的白雪公主这一人物，挖掘她身材变化以及健康变化的原因，并给予建议。通过这一系列的练习，让学生由浅入深地复习本课的重点词汇、词组以及句型。

二、过程呈现

Step One: Lead in the topic by showing the picture of Snow White.

T（teacher）：Who is she?

S（student）：She is Snow White.

T：What's wrong with her? What does she look like now? How about her appearance in the past?

S：She was very slim in the past, but now she looks very fat.

T：Why?

课堂的一开始，我用PPT呈现出一个肥胖版本的白雪公主，目的一是通过学生们比较熟悉的一个卡通角色，激活他们的上课热情。二则凭借他们对白雪公主形象的认知，结合老师的问题，观察到人物的变化，自然而然地明白老师的意图，为接下来的复习环节打下基础。同时，也自然过渡到课文复习内容。

Step Two：Show students a table about the daily life of Snow White.

T：What did she do last week?

Then the students describe the activities of Snow White one by one.

这一环节主要让学生们就 PPT 上所呈现的信息，描述白雪公主上周的活动。其中，本课中的一些重要生词以图片的形式展现给学生，让学生在观察图片的过程中联想起已学过的词汇。通过口头练习让他们应用这些词汇，进一步巩固对这些词汇的掌握，同时也复习了一般过去时的动词变化。

Step Three：Ask students to think about another expression and let them write down the missing words in each sentence.

too many/much/few/little/not enough

1. Snow White used to watch too _____ TV.

2. Snow White used to eat too _____ hamburgers.

3. Snow White used to have too _____ drink.

4. Snow White used to have too _____ water.

5. Snow White used to play _____ _____ games.

6. Snow White used to eat too _____ vegetables.

7. Snow White did not do _____ exercise.

8. Snow White used to eat too _____ apples.

这一环节的笔头练习以及口头练习，主要复习了本课文的一些重要词组，包括：too many; too much; few; little; not enough 以及 much 的使用方法。在检验学生们对这些词组的认识的同时，该环节的操练也巩固了他们对这些词组的掌握和应用。除此以外，本环节还让学生们了解了白雪公主的不良饮食习惯，也为接下来句型结构的复习打下了基础。

Step Four：Ask students to think about the suggestions for Snow White.

T：As of now, we have learnt the reason why Snow White became so fat. So, can you give her some suggestions about what she should do or shouldn't do?

S：If Snow White wants to be healthy, she should/shouldn't …

在向学生们提出问题的同时，在 PPT 上老师也会相应地运用上一环节中出现的图表，让学生们观察图片，根据图表的内容给予白雪公主一些建议。目的在于巩固上一环节中复习到的词组，同时结合课文的重点句型，将两者合为一体，起到一箭双雕的作用。

Step Five：Show the picture of changes of Snow White to the students. Students are required to describe the present habits of Snow White.

T：Snow White had an unhealthy life in the past. But now she leads a healthy life.

e. g.，She doesn't drink a lot of lemonade any longer. Now, she drinks a lot of water.

在前面几个环节中，学生们通过观察到的现象讨论白雪公主的健康变化，了解了白雪公主身材走形的缘由，同时也复习了课文中的一些重点词组、句型。最后，在同学们的建议之下，白雪公主又恢复到了原来的样子。因此，这一环节也是紧扣上一环节内容，让学生们表述白雪公主现在的饮食状况，复习 not … any longer 句型。

Step Six：Ask students to write something about their habits.

Some key words are shown on the screen, including used to/not … any longer/more/fewer/less/too much/too many.

这一环节的目的在于覆盖前面所复习的所有内容，让学生们以作文的形式，将所学所复习的内容落实到笔头上，同时，也方便老师检验学生们的掌握程度，即是否掌握"会应用"的能力。

三、反思与问题

本堂课在实际教学中有效地帮助学生们复习了课文中的重点词汇、词组以及句型。一定程度而言，很好地完成了教学设计中的教学目标和教学难点。情景教学（运用"会观察"和"会应用"这两个核心素养）的巧妙设置大大提升了学生们对本堂课的兴趣，而问题链的设计则有的放矢地引导学生进行有效的英语学习，创造了轻松自在的语言习得环境，使学生们产生积极的思维，达到有效的语言知识迁移及复习。例如，本堂课始终以白雪公主的变化为主线，巧妙地将口头练习和书面练习有机结合，激发了学生的学习热情。从整体效果来看，本教学设计在实施过程中达到了原本的预期，比如通过口头练习复习了课文中的重点词汇和句型。

本堂课在实践的过程中仍旧存在一点小小的遗憾，即最后一个环节的情景设置，从实施效果来看，可以将其改为结合本堂课所复习到的所有知识点，写一封邮件给白雪公主，告诉她如何保持健康的饮食习惯。这样就可以使得所有的环节围绕着一个主题展开，紧紧相扣，让学生们在一个主题情境下，自然而然地复习了本课的所有知识点。

附：课堂观察评价标准目录

Choosing a new flat 课堂观察评价标准目录				
核心教学目标：会观察。				
第一层次"会观察"：能够观察图片，进行简单描述。				
第二层次"会观察"：通过所给图片和文字材料，完成文章排序。				
高层次的"会观察"：能够结合上下文，在没有图示图表的帮助下，明白文章的框架结构及层次，掌握写作规律。				
观察维度	观察视角	观察点		总体评价
学生学习	热身	学生是否精神饱满，做好上课的准备？		
	读前	有多少学生能根据要求，完成基础性练习？完成的正确率如何？（百分比）		
	读中	在图片的帮助下，学生能否完成文章排序，并说明排序的理由？		
		学生的学习习惯怎么样？能否在教师的启发下，学会观察语言现象并找出写作规律？		
	读后	学生观察图片和文字材料的时间是否充足？通过观察，掌握写作规律的学生有多少？（百分比）		
教师教学	呈式	教师在课堂中的行为（讲解/走动/指导等）是否规范？是否有利于教学？		
		教师的设疑提问是否为学生的观察学习提供了帮助？启发引导是否有效？		

观察维度	观察视角	观察点	总体评价
课程性质	目标	学习目标的设定是否符合学情？目标是根据什么（课程标准/学生/教材）制定的？	
		学习目标的达成情况怎样？各层次达到目标的学生分别有多少？（百分比）	
	内容	课堂内容设置是否有层次性？学生能否完成？	
课堂文化	民主	学生课堂表现如何？学生与教师之间的互动形式有哪些？	

（本课例作者：王蓉蓉）

第二章

会分析：提升学习力的必备品质

一般情况下，一个看似复杂的问题，经过理性思维的梳理后，会变得简单化、规律化，从而轻松、顺畅地被解答出来，这就是分析能力的魅力。分析的意义在于通过认识事物或现象的区别与联系，细致地寻找能够解决问题的主线，并以此解决问题。分析能力是学生的必备品质，是综合素养的重要组成部分。

第一节　分析是学习者的基础境界

一、"会分析"的价值

客观事物是由不同要素、不同层次的部分组成的统一整体。我们要深刻认识客观事物，可以把它的每个要素、每个层次在头脑中暂时分割开来进行观察和研究，搞清楚每个组成部分的特点、各部分之间的相互关系以及局部与整体的联系，这就是分析。利用分析这种方法，可以对事物的认识由表及里、由浅入深、化繁为简，从而把握事物的本质，为科学决策打下基础。

分析能力是人在头脑中把客观事物分解为若干个部分进行研究、认识的技能。在学习和生活中，我们经常会遇到一些事情、一些难题，分析能力较差的人，往往思前想后不得其解，以至于束手无策；反之，分析能力强的人，往往能自如地解决难题。分析能力的高低还是一个人智力水平的体现。一个看似复杂的问题，经过理性思维的梳理后，会变得简单化、规律化，从而轻松、顺畅地被解答出来，这就是分析能力的魅力。经过长期的训练和培养，会分析的人，往往学术有专攻，技能有专长，在自己擅长的领域里，有着独到的成就和见解，达到常人所难以达到的境界。

分析能力是学生的必备品质，是综合素养的重要组成部分。分析能力在很大程度上取决于后天的训练。因此，教师在教育教学中应有意识、有计划地培养学生的分析能力。

二、"会分析"的含义

《现代汉语词典（第6版）》中对分析的定义为把一件事物、一种现象、一个观念分成较简单的组成部分，找出这些部分本质属性和彼此之间的关系。

三、"会分析"的学科内涵

不同学科的学习内容不同，学习方法也不尽相同。以语文、数学、英语三门学科为例，各学科在分析的内容、方法上也具有各自的学科内涵，呈现一定的学科特征。

表2-1 不同语数英学科"会分析"的内容要求

学科内涵	年级	分析内容	分析要求
语文： 把文本、课堂现象、文体知识分成较简单的组成部分，找出这些部分的本质属性和彼此之间的关系。	初中低年级的学生（6—7年级）	阅读产品说明、广告等语言材料，分析文章的脉络结构，推测文章的内容。	借助词典，在理解文章的基础上进行相应的推测判断。
	初中高年级的学生（8—9年级）	猜测生词和词组的意思，分析句子结构，理解句子，理顺事件发生顺序、人物行为，预测事件情节发展和可能的结局。	根据情景、上下文、构词法、句子结构来猜测或用参考资料、工具书、网络等不同资源推理、提取、筛选、重组加工信息来解决问题。
数学： 能通过阅读、理解对问题进行陈述的材料，学会从不同角度审视问题，实现已知与未知、常量与变量、相等与不等、特殊与一般、局部与整体、数式与图形、运动与静止的转换。	初中低年级的学生（6—7年级）	从简单的问题背景、概念形成的文字中学会分析主要因素、关键要点。	初步学会从不同角度审视问题。
	初中高年级的学生（8—9年级）	从较为复杂的问题背景、概念形成的文字中学会分析主要影响因素及核心问题。	学会从关键角度分析核心问题，形成核心概念。
英语： 分析单词、词组、句型、语段的结构和规律。	初中低年级的学生（6—7年级）	阅读和生活相关的语言材料，分析语法结构。	借助词典，在理解意义的基础上分析语法结构。
	初中高年级的学生（8—9年级）	分析构词法、句子结构、文章脉络，在理解词意、句意的基础上，分析整篇文章的结构。	根据情景分析上下文、构词法、句子结构，提取、筛选、重组加工信息来领会文章精髓。

第二节　学科不同分析形貌不同

不同的学科，分析的内容不同，侧重点也不同，分析的方法也不尽相同。那么不同的学科究竟要让学生分析什么？要达成怎样的目标？怎样评价目标的达成度？以下以语文、数学、英语三门学科为例，分别列表说明各学科"会分析"的评价指标及评价描述。

表 2-2　语数英"会分析"的评价指标及描述

学科	评价指标	指标描述
语文	△分析非言语现象	通过表情、动作、语音语调的变化等分析说话人的语气和情绪，区分交际场合并做出恰当的应对
	△分析语法现象	在文言文学习中，能针对特殊文言现象（一词多义、古今异义、特殊句式等）发现规律，提炼规则，形成概念等
	△分析语篇特征	分析字、词、句在不同语篇中的意义变化，推断隐藏含义，把握主旨大意，理解写作意图和作者观点态度等
	△分析图片图表	在综合学习中，对图片、图表的各个方面和不同特征进行系统分析、比较；筛选、综合、提炼关键内容和信息
	△分析生活现象	对生活中的现象和细节加以比较、提炼、概括等，形成自己的思考和见解，化为书面和口头表达的内容
	★掌握对比分析法	能对不同事物、多种语料和语言现象等进行对比分析，找出其中的区别和联系
	★学会多种分析手段	能运用归纳、演绎、推理的方法进行分析
数学	△掌握数学概念和原理	在数与运算、代数与方程、函数、图形与几何等内容的学习中，经历概念的形成过程，尽可能体会各知识之间的联系，充分理解有关概念、原理和定理
	△合理选择数学概念和原理	在解决具体问题时，能结合具体的情景、条件和要求，选择相关概念、原理和定理，进行合理的推理或演算
	△会有理有据地推断或论证	学会有理有据地推断，能用纸笔完成正确的推断或演算过程，会用演绎推理的方法论证一个命题成立

学科	评价指标	指标描述
	★加强数学的表达能力	合理运用数学语言（包括文字语言、图形语言和符号语言）表达分析数学对象、解决数学问题的过程；能在交流中阐明自身的数学观点或见解等
	★提升数学的空间想象	能根据条件画（或作）出图形，分析图形中的基本元素及其关系，能想象或描述图形的运动与变化，利用图形分析揭示问题的本质
英语	△分析图片图表	对图片、图表的各个方面和不同特征进行系统地分析、比较；筛选、综合、提炼关键内容和信息
	△分析语法现象	发现规律，提炼规则，形成概念；比较英汉异同
	△分析语篇特征	分析字、词、句在不同语篇中的意义变化，把握主旨大意，推断隐含义、写作意图和作者观点态度等
	△分析非言语现象	通过表情、动作、语音语调的变化等分析说话人的语气和情绪，区分交际场合并做出恰当的应对
	△分析生活现象	对生活中的现象和细节加以比较、提炼、概括等，形成自己的思考和见解，化为书面和口头表达的内容
	★掌握对比分析法	能对不同事物、多种语料和语言现象等进行对比分析，找出其中的区别和联系
	★学会多种分析手段	能运用归纳、演绎、推理的方法进行分析

以上表格清晰地列出了各学科"会分析"能力评价指标与评价描述，教师可参照表格进行教学设计，有计划地在教学过程中加以实施。

第三节 分析能力的提升路径

　　分析是建立在观察之上的，观察能力决定了分析和判断能力，分析能力提高的前提是观察能力的提高。要培养分析能力，首先要学会细致地观察事物，找到事物的本质特征，观察角度要多样化，拒绝单一化、钻牛角尖。除了观察能力的培养外，要提升学生的分析能力，可以从以下几个方面着手。

一、 指向问题解决

　　以"问题"为导向，以"问题情境"为切入点，通过引导学生自主发现、分析和解决问题，提高学生的问题意识和问题解决能力。从问题开始分析，提出的一个问题，就是插一面旗子，告诉我们目标在哪里。在分析之前，先明确目标是什么，在问题与答案之间搭建一座桥梁，鼓励学生将复杂的问题或比较困难的任务拆分成几个部分，各个击破，最终达到解决问题的目的。

二、 鼓励阅读思考

　　鼓励学生多读书、多看书，丰富知识面，尤其是可以多看一些逻辑性比较强的书，训练逻辑思维能力，提高分析能力。事物往往具有多种性质，用单一要素去分析往往比较偏激或不全面。如果知识面比较宽，那么就可以从多维度去思考。举例来说，分析一个人的特征，可以从几个角度： 帅的（外貌），高的（纵向空间维度），瘦的（横向空间维度），男的（性别），穷的（背景）等等。分析一篇文章也一样，如果知识面够宽阔，可以有更为专业的、全面的、有创造性的答案。这样的例子还有很多，知识面广的学生能捕捉到别人的知识盲区。其次，对于在书本中或生活中发现的问题，多多思考，分析问题的来龙去脉，久而久之，思路就会比较灵活，思维能力、分析能力就会逐渐得到提升。

三、 创设交流氛围

　　首先，要善于沟通。不同的学生对于同一件事可能有不同的认知和想法，沟通让我们彼此更了解对方的想法。有人说："你有一个主意，我有一个主意，交换之后，我们每个人都有两个主意。"这句话告诉我们人与人交流的重要性，在交流中能碰撞出思维的火花。我们可以为学生创设可以互相交流想法的时间和空间，鼓励学生开展头脑风暴，进一步达到训练思维能力、培养分析能力的目的。

　　其次，要善于总结。我们在分析事物的时候，要学会从部分到整体，由点到面地分析和总结。具体问题具体分析，区分主次和重点，所谓"轻重缓急"说的就是这个道理。及时进行总结，有助于我们整体把握关键环节。

第四节 设计和指导教学诊断分析

以"会分析"为研究目标开展课例研究，围绕一堂课的教学，通过课前教学设计、课中观课磨课、课后课例分析等过程进行课例研究，既研究教师、学生的课堂行为，也研究学生之间的沟通、交流、对话和讨论。通过课例研究，发现教学中的闪光点进行推广，找出不足之处加以改进，逐步提高课堂质量，提升教研水平。以下为精选的教学课例展示，包括教师的教学设计及相应的课堂观察评价标准。

一、"会分析"要基于解决教学中的真问题

分析能力在不同学科、不同领域存在很大的差异。如语文学科，分析的内容有表达方式、写作手法、修辞手法、说明方法、关键语句等内容，归根结底是要领会作者的写作意图，学会语言表达的方式。无论对于哪一门学科，机械的背诵都是不可取的，要在理解的基础上记忆，先分析、后综合，这样学习起来就容易得多了。教师要引导学生自己努力去寻找解决问题的方法，而不是单纯地教学生重复知识点。教会学生分析的技巧，可有效地提升各学科的学习效果，使学习的过程从简单的知识点的记忆及重现转向问题的解决，有助于学生核心素养的养成。

● **课例分享**

松　鼠

教学目标：

1. 知识与技能：学习把握说明对象基本特征的方法。

2. 通过品读关键词句，品味作品准确、生动的语言特点。

3. 情感态度与价值观：培养学生珍爱动物的观念。

教学重点与难点：

教学重点：学习抓住事物的特征来说明事物的方法。

教学难点：品读课文中准确的说明，以及生动形象的描写。

课时安排： 1课时

教学过程：

过程	教师活动	学生活动	设计意图
作者简介，导入激趣	1. 今天老师要跟大家介绍的是一种小动物，它是谁呢？（用多媒体播放"松鼠"）请用简洁的语言说说你刚认识的这位朋友。 2. 那么，大家想不想了解更多关于这位朋友的秘密呢？今天我们就来学习法国著名博物学家布丰的一篇文艺性说明文——《松鼠》。	1. 学生观看视频，回答问题。	吸引学生注意力，为更好地进入学习状态做好准备。
初读课文，整体感知	1. 小组内互相朗读课文，注意读准字音。 2. 你能用文中的一句话概括作者从哪几个方面介绍了松鼠吗？	1. 读课文，互相纠正错误。 2. "松鼠是一种漂亮的小动物，驯良，乖巧，很讨人喜欢。"齐读第一句话，体会它统领全文的作用。	检查预习情况使学生准确朗读课文并熟悉课文内容。
精读课文，合作探究	1. 小组讨论：作者从哪几个方面介绍了松鼠漂亮、驯良和乖巧？试着完成表格。 2. 经过小组讨论后，有没有还未解决的问题呢？说出来，我们大家一起来解决。 3. 用上"先——再——然后"自己说说松鼠搭窝的过程。	1. 小组合作，完成表格。 表格内容：漂亮（清秀；眼睛；矫健；轻快；尾巴；体态）	培养自主、合作学习的能力。

过程	教师活动	学生活动	设计意图

教师活动：

4. 齐读最后一小节，思考：这篇作品的结构是怎样的呢?
5. 请同学将下面这些句子与原文进行比较，小组讨论，仔细辨析存在的问题。（语言要力求准确）
a. 松鼠不躲藏在地底下，在高处活动。
b. 因为很怕强烈的日光，白天躲在窝里歇凉，晚上出来练跑、玩耍、吃东西。
c. 松鼠不敢下水。松鼠过水的时候，用一块树皮当做船，用自己的尾巴当做帆和舵。
d. 它们是十分警觉的，只要有人在树根上触动一下，它们就从窝里跑出来。
e. 松鼠的窝搭在树枝分枝的地方，又干净又暖和。它一胎能生三四个。
6. 下列是《辞海》中介绍松鼠的文字，试与课文比较一下有什么不同。

松鼠亦称灰鼠，哺乳纲，松鼠科。体长20—28厘米；尾蓬松，长16—24厘米。体毛灰色、暗褐色或赤褐色，腹面白色。冬季耳有毛簇。林栖，用树叶、草苔筑巢，或利用鸦、鹊的废巢。嗜食松子和胡桃等果实，有时食昆虫和鸟卵。年产1—4窝，每窝产5—10仔。分

学生活动：

驯良		
	树林	不侵犯人类
	晚上	
常吃食物		

乖巧	
横渡溪流	
	警觉
蹦跳动作	
	感情丰富
搭窝特点	

2. 交流
3. 复述内容。
4. 最后一节写松鼠繁殖、换毛等方面是补充说明其习性。整篇作品按照由总到分的结构来写。先总括特点，再具体介绍，最后补充说明。
5. 小组讨论。
"经常"说明并非都在高处活动。
"好像"表示猜测，并非肯定，体现作者行文措辞的慎重，可见作者写作的科学态度。
"有人说"说明后面的内容是听说的，不能完全肯定，如果去掉，反而不严谨了。

过程	教师活动	学生活动	设计意图
	布于我国东北至西北，以及欧洲各地。毛皮可制衣，尾毛可制笔。 7. ① 学生自由朗读课文，体会文章的表达特点。选择你最喜欢的段落或语句读一读，说一说为什么喜欢这段话。 ② 把你最喜欢的段落或语句进行摘抄、积累。	"稍微"是程度副词，表示程度之轻都能惊动松鼠，从而表现它的警觉。"通常"说明并非绝对，而指大多数情况下是这样，说明观察之仔细，表达之准确。 6. 辞海条目是简洁、准确的文字，是对松鼠的科学介绍。而法布尔的文章中加入了很多文学的表现手法，是文艺性的说明文。	
课堂小结，感悟思考	讨论： 学习了本文之后，你觉得如何才能更好地介绍动物呢？	准确、生动的语言；合理清晰的结构；鲜明的事物特征；恰当选用说明方法。	总结本堂课学习的重要知识点。
课后拓展布置作业	观察一种小动物，学着课文的写法，试着写一篇300字左右的小作文。		巩固知识、开拓视野。

附： 课堂观察评价标准目录

《松鼠》课堂观察评价标准目录
核心教学目标： 会观察、会分析。
第一层次初步"会分析"： 阅读说明性文章，能抓住要点。
第二层次"会观察、会分析"： 阅读说明性文章，能有所选择地从文中获取信息。
高层次"会观察、会分析"： 阅读说明性文章，能分析作品的语言特点。

观察维度	观察视角	观察点	总体评价
学生学习	准备	学生课前准备了什么（学习用品/精神状态）？有多少学生做了准备？	
	倾听	有多少学生倾听老师讲课？（百分比）有哪些辅助行为（记笔记/查阅/回应）？	
	互动	有哪些互动行为？学生的互动能为目标达成提供帮助吗？	
		学生的互动习惯怎么样？出现了怎样的情感行为（主动/被动）？	
	自主	学生自主学习的时间有多长？选取的形式是（阅读/练习/思考/探究）？	
教师教学	呈式	教师在课堂中的行为（讲解/走动指导等）是否规范？是否有利于教学？	
		板书、媒体是怎样呈现的？是否为学生学习提供了帮助？是否适当？	
课程性质	目标	学习目标的表达是否规范？目标是根据什么（课程标准/学生/教材/纲要）预设的？是否符合该班学生？	
	内容	课堂中生成了哪些内容？教师是怎样处理的？	
课堂文化	民主	师生行为（情境设置/叫答机会/座位安排）如何？学生间的关系如何？	

（本课例作者：孙贝丽）

二、"会分析"需要持续训练与培养

分析能力的提高不是一个单独的问题，它涉及到观察、记忆、理解、经验等领域，还会有直觉的参与。虽然说直觉是不受人的意志控制的特殊思维方式，但是这种思维形式的形成离不开人的阅历和知识积累。观察、记忆、理解能力的培养，经验的形成都需要长期的时间。这告诉我们，分析能力的培养也不是一蹴而就的，需要一段时间持续地训练，需要教师在每一节课中有意识地落实。

● 课例分享

<h1 style="text-align:center">线段、角的概念的分类讨论问题</h1>

一、学情分析

本班大部分学生的数学基本知识掌握较好，但也有少数学生的数学理解力和计算能力较弱，本节课内容是本学期的难点和考点，期末练习中反复出现，但得分率较低，希望通过本节课的系统学习，学生能学会分析这类题型，希望不同层次的学生在综合解题能力方面都能有不同程度的提高。

二、教学设计

在学校"指向初中生核心创新素养培育的和韵课堂建设的实践研究"课题的引领下，结合本节课的教学内容，我把本节课的核心教学目标定位为"会分析"，我将在课堂教学过程中努力践行"五善"，突出"善于设疑提问"和"善于启发指导"。

本节课设计了三个环节：

准备与铺垫：用一解的线段、角的概念问题作为铺垫，学生复习必要的几何语言、画图方法、标记条件的方法以及基本的几何计算方法；

分析与应用：学生辨别两解的线段、角的概念问题，学习这类问题的分析方法，掌握这类问题的分类讨论方法，能画出图形并进行简单的计算；

拓展与提高：学生通过分类讨论和画图，将多解的线段、角的综合问题转化成代数问题，通过计算或方程求解，并总结这类问题的解题方法。

三、教学目标

1. 学会分析线段、角的概念的分类讨论问题，类比两类问题的解题方法。

2. 经历综合问题的分析过程，加深对分类讨论、数形结合思想的理解。

四、教学重点

线段、角的概念的分类讨论问题的分析方法。

五、教学难点

通过分析问题分类讨论画出图形。

六、教学过程

第一环节：准备与铺垫

第一组：练习 1　如图 1，D 是 BC 的中点，$AC=2$，若 $AB=10$，则 $CD=$ _____。

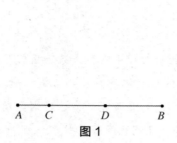

图 1

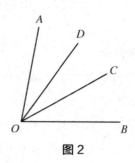

图 2

练习 2　如图 2，已知 $\angle AOB=80°$，$\angle BOC=30°$，OD 是 $\angle AOC$ 的平分线，则 $\angle COD=$ _____°。

第二组：

练习 1　已知线段 $AB=5$，在线段 AB 上截取 $BC=3$，那么 $AC=$ _____。

练习 2　已知线段 $AB=5$，延长线段 AB 至 C，使 $BC=3$，那么 $AC=$ _____。

练习 3　已知线段 $AB=5$，反向延长线段 AB 至 C，使 $BC=3$，那么 $AC=$ _____。

第三组：

练习 1　已知 $\angle AOB=80°$，在 $\angle AOB$ 的内部画射线 OC，使 $\angle BOC=30°$，则 $\angle AOC=$ _____°。

练习 2　已知 $\angle AOB=80°$，在 $\angle AOB$ 的外部画射线 OC，使 $\angle BOC=30°$，则 $\angle AOC=$ _____°。

（铺设台阶，学生达成初步"会分析"，即熟悉"在线段上取点""延长线段""三个点在同一直线上""在角的内部或外部"等几何语言，对于没有给出图形的题目也能根据几何语言画出图形，能把已知条件标记在图上，并能进行简单的线段、角的和、差、倍的计算。）

第二环节：分析与应用

例 1 已知点 A、B、C 在同一直线上，线段 $AB=5$，$BC=3$，那么 $AC=$ _____。

练习 1 已知线段 $AB=5$，$BC=3$，那么 A、C 两点的距离是（   ）。

   A. 8   B. 2   C. 8 或 2   D. 不能确定

例 2 已知点 C 是线段 AB 上一点，$AC:BC=1:3$，点 D 是 AB 的中点，$CD=2$，则 $AB=$ _____。

练习 2 已知点 C 是直线 AB 上一点，$AC:BC=1:3$，点 D 是 AB 的中点，$CD=2$，则 $AB=$ _____。

例 3 已知 $\angle AOB=30°$，$\angle AOC=80°$，OD 是 $\angle BOC$ 的平分线，则 $\angle COD=$ _____。

练习 3 已知 OM 是 $\angle AOB$ 内部的一条射线，$\angle AOM:\angle MOB=2:3$，$\angle AOB$ 又被射线 ON 分成 $4:1$ 的两部分，$\angle MON=30°$，则 $\angle AOB=$ _____。

（登上台阶，学生达成第二层次的"会分析"，即会分析题目中的关键条件，找到分类讨论的突破口，将几何语言转化为图形，将几何问题转化为代数计算，再用方程思想求解。）

第三环节：拓展与提高

练习 1 点 A、B 在数轴上，点 A 到原点的距离是 6，$AB=2$，则点 B 表示的数为 _____。

练习 2 已知 $\angle AOB=70°$，$\angle BOC$ 与 $\angle AOB$ 互余，$\angle BOD$ 与 $\angle AOB$ 互补，OE 平分 $\angle COD$，画出所有符合条件的图形，并直接写出 $\angle AOE$ 的度数。

七、归纳总结

线段问题分类讨论的关键词：

平面内点的位置 ｛ 点在直线外
              点在直线上 ｛ 点在线段上
                         点在线段的延长线上
                         点在线段的反向延长线上

角的问题分类讨论的关键词：

"在角内""在角外""射线在公共边的同侧""射线在公共边的异侧"。

（更进一步，学生达成高层次的"会分析"，即能熟练地进行分类讨论，画出对应的图形，将多解的线段、角的综合问题层层分解，转化成代数问题，通过计算或方程求解，并能从特殊到一般，归纳总结这类问题的解题方法。）

八、分层布置作业

1. 如图 3，在直线 PQ 上找一点 C，使 $PC = 3CQ$，则点 C 应在（　　）。

　　A. PQ 之间　　　　　　　　　B. 在点 P 的左边

　　C. 在点 Q 的右边　　　　　　D. 在 PQ 之间或在点 Q 的右边

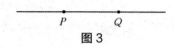

图 3

2. 若互补的两个角有一条公共边，则这两个角的平分线所组成的角（　　）。

　　A. 一定是直角　　　　　　　　B. 一定是锐角

　　C. 一定是钝角　　　　　　　　D. 是直角或锐角

3. 已知线段 $AB = 10$，$AC + BC = 12$，则点 C 的位置在：①线段 AB 上；②线段 AB 的延长线上；③线段 BA 的延长线上；④直线 AB 外。可能出现的情况有（　　）。

　　A. 1 种　B. 2 种　　C. 3 种　　D. 4 种

4. 如图 4，线段 AB 被点 M 分成 $3 : 5$ 的两部分，又被点 N 分成 $3 : 1$ 的两部分，若 $MN = 6$，则 $AB =$ _____。

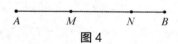

图 4

5. 已知 $\angle AOB = 80°$，$\angle BOC = 30°$，OD、OE 分别是 $\angle AOB$、$\angle BOC$ 的平分线，则 $\angle DOE =$ _____ °。

6. $\angle AOB$ 被射线 OM 分成 $2 : 3$ 的两部分，又被射线 ON 分成 $4 : 1$ 的两部分，$\angle MON = 30°$，则 $\angle AOB =$ _____ °。

7. 如图 5，已知 $\angle \alpha$ 和 $\angle AOB$。（要求尺规作图，保留痕迹，不必写画法）

（1）以 OA 为一边作 $\angle AOC$，使 $\angle AOC = \angle \alpha$；

（2）作出 $\angle BOC$ 的平分线 OD；

（选作）（3）若 $\angle AOB = \beta(\beta > \alpha)$，试用含有 α 和 β 的式子表示 $\angle AOD$。

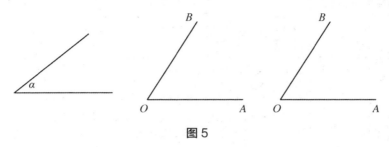

图5

附：课堂观察评价标准目录

《线段、角的概念的分类讨论问题》课堂观察评价标准目录
核心教学目标： 会分析
第一层次初步"会分析"： 熟悉几何语言，没有给出图形的题目能画出图形，能把已知条件标记在图上，并能进行简单的线段、角的计算。
第二层次"会观察、会分析"： 会分析题目中的关键条件，找到分类讨论的突破口，将几何语言转化为图形，将几何问题转化为代数计算。
高层次"会观察、会分析"： 能熟练地进行分类讨论，画出对应的图形，将多解的线段、角的综合问题层层分解，转化成代数问题，通过计算或方程求解，并能从特殊到一般，归纳这类问题的解题方法。

观察维度	观察视角	观察点	总体评价
学生学习	准备	学生课前准备了什么（学习用品/精神状态）？有多少学生做了准备？	
	倾听	有多少学生倾听老师讲课？（百分比）有哪些辅助行为（记笔记/查阅/回应）？	
	互动	有哪些互动行为？学生的互动能为目标达成提供帮助吗？	
		学生的互动习惯怎么样？出现了怎样的情感行为（主动/被动）？	
	自主	学生自主学习的时间有多长？选取的形式是（阅读/练习/思考/探究）？	

观察维度	观察视角	观察点	总体评价
教师教学	呈式	教师在课堂中的行为（讲解/走动/指导等）是否规范？是否有利于教学？	
		板书、媒体是怎样呈现的？是否为学生学习提供了帮助？是否适当？	
课程性质	目标	学习目标的表达是否规范？目标是根据什么（课程标准/学生/教材/纲要）预设的？是否符合该班学生？	
	内容	课堂中生成了哪些内容？教师是怎样处理的？	
课堂文化	民主	师生行为（情境设置/叫答机会/座位安排）如何？学生间的关系如何？	

（本课例作者：沈雪瑾）

三、"会分析"要在教学中注重核心素养的培育

教育理念最终都要通过课堂教学来进行实践，抓好课堂教学，落实学生核心素养，一是要研读《课程标准》，深刻理解《课程标准》中核心词的内涵。二是分析教材，了解教材内容有哪些知识点，渗透了什么核心素养。

● **课例分享**

藕与莼菜

一、案例背景

《九年制义务教育课程标准》对7—9年级的阅读要求是"欣赏文学作品，能有自己的情感体验，初步领悟作品的内涵，从中获得对自然、社会、人生的有益启示。对作品的思想感情倾向，能联系文化背景作出自己的评价；对作品中感人的情境和形象，能说出自己的体验；品味作品中富于表现力的语言"。

为了帮助初中学段的学生逐步掌握阅读不同文体的方法，而不仅仅是读懂某一篇文章，因而在日常教学中，我们努力将教学的重点放在"会分析"这一核心素养上。通过引导学生阅读、分析作品，帮助他们体会其遣词造句之优美、结构章法之巧妙，更重要的是让他们能在其中看到人生、人性、人伦、人情，从中或产生情感与认知上的共鸣，或获得人生与经验上的补充。

"会分析"这一核心素养，它所引发的绝不仅仅是我们对作品的欣赏，不仅仅是我们和作品之间的共鸣，它还将引发学生曾经在日常生活中所未能抵达的深入的思考。这些思考帮助人们认识自己，发展自己，从而更好地实现自己。

在前期的研究中，我们认为在语文学科的教学中，对"会分析"这一核心素养的概念界定大致包含以下内容：

六年级：

1. 能联系上下文和自己的积累，推想课文中有关词句的意思，辨别词语的感情色彩，体会其表达效果。

2. 在阅读中了解文章的表达顺序，体会作者的思想感情，初步领悟文章的基本表达方法。

3. 诵读古代诗词，阅读浅易文言文，能借助注释和工具书理解基本内容。

4. 阅读叙事性作品，了解事件梗概，能简单描述自己印象最深的场景、人物、细节，说出自己的喜爱、憎恶、崇敬、向往、同情等感受。

5. 阅读诗歌，大体把握诗意，想象诗歌描述的情境，体会作品的情感。能受到优秀作品的感染和激励，向往和追求美好的理想。

七年级：

1. 在通读课文的基础上，理清思路，理解、分析主要内容，体味和推敲重要词句在语言环境中的意义和作用。

2. 在阅读中了解叙述、描写、说明、议论、抒情等表达方式。

3. 阅读新闻和说明性文章，能把握文章的基本观点，获取主要信息。

4. 阅读科技作品，能领会作品中所体现的科学精神和科学思想方法。

5. 阅读说明性文章，能抓住要点，了解文章的基本说明方法。

八年级：

1. 能够区分写实作品和虚构作品，了解诗歌、散文、小说、戏剧等文学样式。

2. 对作品中感人的情境和形象，能说出自己的体验。

3. 阅读简单的非连续性文本，能从图文等组合材料中找出有价值的信息。

九年级：

1. 能品味作品中富于表现力的语言。

2. 阅读简单的议论文，区分观点与材料（道理、事实、数据、图表等），发现观点与材料之间的联系，并通过自己的思考，作出判断。

3. 阅读由多种材料组合、较为复杂的非连续性文本，能领会文本的意思，得出有意义的结论。

在初中阶段的语文教材中，散文是一种常见的文学作品体裁，是个人感受的独特表达。它篇幅短小、取材广泛、结构灵活、表达自由，被人称为具有强烈感情的"文学小精灵"。由于散文是一种从内容到形式都非常自由灵活的文体，因此，散文显得丰富多样。正如散文作家秦牧所说："那些最好的散文，有的使人想起了银光闪闪的匕首，有的使人想起了余音袅袅的洞箫，有的像明净无尘的水晶，有的像色彩鲜明的玛瑙……"散文因其独有的特点，受到了人们的喜爱，在教材中也占有较大的比重。怎样有效培养学生"会分析"这一核心素养，并以此逐步学习阅读散文的方法，这一点在教学的研究中显得颇有价值。

《藕与莼菜》是初一年级第一学期"故乡情思"单元的第三篇课文。学生已经学习了这个单元的前两篇课文——鲁迅先生的《社戏》和诗人牛汉的《滹沱河和我》。这几篇散文的共同点在于都表现了作者对于故乡的深厚情感，但在写法与语言风格上却是迥然不同的。通过以往的学习，学生已经或多或少地积累了一些散文阅读学习的感受，因而，通过引导学生感受并体悟这一类文本阅读学习的方法，关注学生的学习经历，将感性的学习感受与理性的方法策略结合起来，能够有效推进"会分析"这一核心素养的培养。

二、案例描述

《藕与莼菜》是一篇借景抒情的美文，作者借对故乡"藕与莼菜"的怀念，表达了对故乡的热爱之情。这种借物抒情的写法是散文中常见的一种写作手法，是学生"会分析"这篇作品的一个突破口。本文在写法上还采用对比的手法，将故乡的"藕与莼菜"与"这里"的"藕与莼菜"作对比，从而突出了故乡的"藕与莼菜"的甘美滋味和令人心醉的味道。在语言上，这篇文章沿袭了叶圣陶散文的一贯风格。细致的观察，客观的写实，朴实平易、自然淡雅的语言风格是本文的几大特点，学生通过赏析、品味文章的遣词造句，能体验其中蕴含的真挚情感与深邃思考，从而感受作者在这种语言风格中所承载的浓厚的情感。

因而，在语文知识方面，我希望学生通过本堂课的学习，能够把握对比与借景抒情的写作手法，感受作者对故乡的思念之情。而在语文技能方面，我希望学生能逐渐对于散文阅读的方法有更为理性的感知，学会通过品味关键词语梳理文脉、提炼信息、把握文章主旨，从而培养这个年龄段"会分析"的核心素养。

在《藕与莼菜》这个课例中，针对"会分析"这一核心教学目标，我将其分解为三个层面的目标，第一层次"会分析"：阅读散文，能有所选择地从文中获取信息，把握要点；第二层次"会分析"：阅读散文，能分析作品主要的写作手法，感受作者的思想感情；高层次的"会分析"：阅读散文，能结合关键词句，领悟作品的内涵，品味作品的语言表现力。

在学习单的设置中，我布置学生完成预习作业，包括以下内容：一是谈谈读本单元"每周一诗"《春夜洛城闻笛》的感受；二是作品生字词的积累与检测；三是谈谈阅读本文后的感受以及阅读中遇到的问题。一方面，情感的铺垫能帮助学生更快走入情境，为体会作者的思想感情奠定基础，另一方面，了解学生阅读文本的起点与困惑有利于教师有效合理地进行课堂教学设计，有针对性地推进"会分析"核心素养的培养。

根据教学目标以及学生在学习单预习作业中呈现出的情况，我将教学重点定为通过分析文中对比手法的运用，体会作者对故乡的眷恋之情；将教学难点定为深入理解作者的"所恋"。

在具体的教学设计中，我认为这堂课需要带领学生研究以下这几个问题：故乡的藕和这里的藕有什么不同？作者为什么要写藕与莼菜？作者的"所恋"究竟是什么？为了解决这几个问题，从而有效落实有关"会分析"三个层面的学习目标，我尝试着使用了这样一些方法。

首先，引导学生散读1—3小节，圈划出对于藕的描写，完成以下表格。

	外观	价格	数量	滋味
故乡的藕		便宜		1. 2. 嫩
"这里"的藕	满被锈斑		少	1. 涩 2.

学生在填写完表格后，结合自己圈画的词句进行分析与交流，教师对学生的交流进行评价与补充，引导学生品味一些被忽略的关键词句，感受作者遣词造句的精准，从而达到从文章中获取并提炼信息，把握要点的初阶段"会分析"目标。

其次，引导学生根据填写好的表格内容，感知作者运用对比的手法，目的在于突出故乡的藕外观玉色洁白，味道鲜嫩甘美，而且数量多、价格便宜。结合之前的学习经验，自己阅读课文4—5小节，归纳出故乡的莼菜所具有的优点。并以此为基础，感悟作者之所以要写藕与莼菜，是通过借物抒情的手法，抒发自己对故乡的思念与热爱。

再次，组织学生一起阅读文章的第6小节。由于学生普遍认为这一段文字读来较为拗口，也不太容易理解，因而我设计了两道填空题，引导学生分析文字内部的逻辑，体会作者的情感，学生分小组认领题目，小组讨论。填空题1："我自己也不明白，为什么会起这么深浓的情绪？再一思索，实在很浅显的：因为在故乡有所恋，而所恋又只在故乡有，就萦系着不能割舍了。"——这句话可以改写成为_____；填空题2："譬如亲密的家人在那里，知心的朋友在那里，怎得不恋恋，怎得不怀念？但是仅仅为了爱故乡么？不是的，不过在故乡的几个人把我们牵着罢了。若无所牵系，更何所恋念？"——可将这几句话概括为_____。这种题型的设计目的在于引导学生反复品读关键语句，从而提炼信息，体会作者想传达的情感，即"所恋"不仅仅是故乡的藕与莼菜，还有故乡的人。

然后，引导学生一边听课文第一小节的朗读录音，一边在文章中圈画出作者对故乡的人的描写，想一想故乡的人给自己怎样的感觉。故乡的卖藕人把藕当作"珍品"一再洗濯，城里人也把藕看做"珍品"善价而沽，区别在哪里呢？

通过对比与分析，感受作者笔下故乡的人们勤劳、淳朴，他们是发自内心喜爱、珍视藕，希望吃到它的人能感受到藕的外观与滋味都很美，藕的洁白，衬托出故乡人内心的洁白；而城里人只是为了利用藕赚取更多的钱，并没有发自内心的喜爱，有点变了味道。那种淳朴的风土人情在上海很难找到了，作者称"这里上海"，很有异乡人的隔膜感。作者通过同样质朴的语言，在对比中流露出对故乡风土人情的喜爱与赞美之情。

接着，带着学生再次品味文章的第6、7小节，感受故乡不仅仅是地域意义上的所在，更是一个人的精神家园，是灵魂的栖息地，是心中的寄托。如同鲁迅先生写到"真的，一直到现在，我实在再没有吃到那夜似的好豆了，——也不再看到那夜似的好戏了"，亦如李白吟诵"此夜曲中闻折柳，何人不起故园情"。故乡美丽的画境，动人的情感，恋恋不舍的人、事、物，又或者是风土人情，始终在那里，一经触发，就都展现在眼前，温暖着人的内心。

最后，请学生回忆本堂课的学习过程，总结我们所解决的几个关键问题，说说自己关于分析、体会一篇散文的方法有何收获。在作业布置方面，其一为整理多音字"供""嚼""薄""削""伺"的字音并组词；其二为运用对比的手法，描写童年时印象深刻的一种食物。

三、案例分析

这一堂课的实践，旨在研究以"会分析"为核心素养的初中散文教学。"会分析"这一素养能够帮助初一年级这个学段的学生逐渐领会阅读文章的方法，这对于学生语文学习的积累是非常重要的。有时候，学生即使处在一定的年龄段，但对于某些情感的理解仍然存在比较生疏的地方，作为教师，我认为仍然需要帮助他们进行各种情感层面、知识层面以及能力层面的积累。比如这篇文章所选取的"藕""莼菜"以及文字本身所体现的"无味之味"，对于初一的学生来说很难理解，但我想他们进入高中，学习了《谈白菜》这篇课文，可能会对质朴二字有更深的理解。

阅读这篇文章，学生会遇到不少理解上的障碍。这种障碍一方面体现在语言上。作品的写作时间是1923年，有些词语的选用对于初一年级的学生而言比较陌生，读起来有些拗口。同时，作者叶圣陶在文中某些段落的句法表述上，比较含蓄、迂回，这给学生的思考带来了困难，觉得文章难懂，而这一点，集中体现在课文的第6小节和第7小节。对于作者的"所恋"，学生理解起来比较困难。散文的语言风格是多样的，或华丽，或朴实，或幽默，或严肃，这是每位作者在长期写作过程中形成的。而学生容易被华丽的语言所吸引，往往忽视一些看似平易实则蕴含浓厚情感的语言，也不容易把握其中所蕴含的意义，因此，引导学生品味语言是本文教学的重点所在。学生可能遇到的障碍另一方面体现在对写法的把握上。作者在将故乡的藕与莼菜与"这里"的藕与莼菜进行对比时，观察的角度很花心思，需要通过分析，帮助学生理解这种写法的运用。根据这个教学内容和教学目标，我将教学重点定为通过分析文中对比手法的运用，体会作者对故乡的眷恋之情；将教学难点定为深入理解作者的"所恋"。

在教学过程中，我采用讲授法与讨论法相结合的方法，来解决教学重点与难点，从而逐步推进三个层面"会分析"的培养。在使用讨论法的时候，我采用组间同质、组内异质的分组方法，促进小组交流与合作的有效进行，帮助语文学习比较困难的学生更好地融入课堂学习的氛围中，从而体现鼓励合作的理念。从各种教育研究的成果中，我们已经可以获知，采用听讲的教学方式，两周后学生还能掌握5%，阅读则是10%，利用声音、图片，学生可以掌握20%，通过示范学生能够掌握30%，以上这些主要都是被动学习；而在主动学习方面，小组讨论后学生可以掌握50%，在做中学、实际演练学生可以掌握75%，而教别人、马上应用则可以掌握90%。因此，我认为这样的分组讨论形式可以促进不同学习基础的学生共同参与，不断辨识，加深理解。而讨论的问题，部分是从学生的课前预习作业中提取出来的，还有的则是我为了切合教学目标，针对学生的疑问重新整合、表述出来的。通过这样的方法，一方面培养了学生良好的预习习惯和自主探究的意识，带着问题进课堂；另一方面，在课堂上讨论自己所提出的问题，可以激发学生的学习兴趣，通过研究问题的解决方法，让学生更有成功的体验。

在实践中，尤其对于叙事抒情、借物（景）抒情类的散文，在落实"会分析"时可以尝试以下一些方法：

1. 从语言入手，品味平实的语言中蕴涵的深沉的情感。一般来说，一篇文章中的关键语句总是有表征的。从内容上看，要抓住能揭示文章题意的语句以及段落中能概括段意的语句。从表达方式上看，要注意文章中那些直接抒情或间接抒情的句子，注意那些发表议论的语句。从结构上看，要注意领起后文或收束前文的语句，前后呼应、承上启下的语句，有重要指示代词的语句，位于全文或全段开头、结尾处的语句等。从修辞上看，要注意那些运用了比喻、反问、排比、象征等手法的语句以及语意比较含蓄的语句等等。还要找准"文眼"，如《藕与莼菜》中的"所恋在哪里，哪里就是我们的故乡了"，便是"文眼"。

2. 吟诵涵泳，唤醒人生体验，让读者与作者、作品产生共鸣。朗读是初步感知散文语言之美的最好方法，它能使学生与作品的情感产生共鸣，进而深入体味文章丰富的内涵。深入浅出的文章，言简意丰的语言，要知其"深"，知其"丰"，就必须在理解字面意义的基础上，细心玩味。只有不脱离文本的教学才是真正的语文教学。因此，作为以本色语言感染读者的散文，更要重视语言的品读。在朗读的过程中，唤醒学生的人生体验，使学生与作者进行心灵的交流，与作品产生情感共鸣。

3. 知人论世，探究作品背后的故事或作者内心深处的真实情感。散文中的情，往往打上了作者独特的个性、人格的印记，并且往往带有一定的社会的、时代的烙印。因此，我们在品味作者的情感时，不仅要通过解读语言文字来感知作品中所描写的景物、意象，进而感受作者的思想感情，还要多了解作者所处的时代、作者的生活经历等写作背景，从而更深层次地把握作者蕴涵在文章中的情感。

（本课例作者：姚　懿）

四、　会分析要注重提升教学效果

充分利用多种分析方法，如列表分析、概念图等，这些都不失为好的分析方法。比如列表分析，可以把各种变量之间的关系及其相互作用的结果清晰地表现出来，把复杂的因果关系变成简单的图表，以图看势，更容易把握其变化趋势。再比如近几年很多教师习惯于使用概念图来梳理知识结构，概念图是一种知识以及知识之间的关系网，可以将知识点及各知识点之间的关系清晰地展示出来，具有思维可视化的表征。教师可以利用概念图进行整体分析，也可以鼓励学生设计、绘制概念图以理清思路，自主分析。

● 课例分享

线段、角的概念的分类

传统的数学复习课常被老师们戏称为"炒冷饭"，把复习课形容为知识点一遍又一遍地重复再现，传统复习课的教学效果不佳，原因主要有以下几个方面：

以教师为主体，忽略了学生的需求。传统复习课常常是教师滔滔不绝地讲，把一单元几节课的"经典语录""典型例题"机械地再现；学生则是在下面被动地听，或是不停地做题目，学生并不清楚要做什么，更不知道为什么要做。没有学生主动参与的课堂，教学效果必然大打折扣。

复习课内容重复无新意。传统复习课的内容常常缺乏重点和针对性，例题和练习没有经过有效的设计和编排，只是按照学习的先后次序把学生的易错题和重要考点堆砌在一起，学生不能形成知识脉络，能力提升更无从谈起，学生的学习热情也很难被激发。

复习课变成了"讲题课"或"做题课"。有时老师们还热衷用做卷子、讲评习题的方式来复习，常以大量练习代替知识和能力的归纳与提升，这样的复习课效率低、重复多、学生负担重。

那么怎样提升数学复习课的教学效果呢？我以自己的一堂数学研讨课为例，谈谈自己的课堂实践、反思与研究。

一、准确的学情和教材分析

准确分析学情和教材是备好一节课的前提，只有准确把握学生特点、学习基础和教材内容，才能有针对性地设计教学环节、准备课堂内容。对于复习课而言，对学生现有知识和重难点知识的把握尤为重要。

在《线段、角的概念的分类讨论问题》一课中我对授课班级的分析如下：班级学生性格活泼，乐于表达，普遍对数学课热情较高。大部分学生的数学基本知识掌握较好，但也有少数学生的数学理解力和计算能力较弱。

我对教材内容分析如下：本节课内容是六年级下学期的难点和考点，期末练习中反复出现，但得分率较低。分类讨论思想是初中数学最重要的思想方法之一，本节课的分类讨论内容是学生今后学习几何的重要能力储备。希望通过本节课的系统学习，学生能学会分析这类题型，不同层次的学生在数学的综合能力方面都能有不同程度的提高。

我把本节课的教学目标定为：1. 学会分析线段、角的概念的分类讨论问题，类比两类问题的解题方法；2. 经历综合问题的分析过程，加深对分类讨论、数形结合思想的理解。本节课的教学重点是线段、角的概念的分类讨论问题的分析方法。难点是通过分析问题分类讨论画出图形。

二、富含逻辑的教学内容整合

《线段、角的概念的分类讨论问题》是一节拓展提高的复习课，例题实际上有两种类型，一类是线段的分类讨论问题，一类是角的分类讨论问题，这两类问题从问题形式上看似不同，但实际上分类的方法类似，都是以"内""外"作为分类标准。以下是部分练习节选，两种类型的问题在同一节课上解决，让学生感受分类讨论的思想碰撞，从而体验类比学习。

第一组：练习 1　如图 1，D 是 BC 的中点，$AC=2$，若 $AB=10$，则 $CD=$ _____。

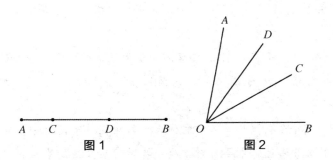

图 1　　　　　图 2

练习 2　如图 2，已知 $\angle AOB=80°$，$\angle BOC=30°$，OD 是 $\angle AOC$ 的平分线，则 $\angle COD=$ _____°。

第二组：

练习 1　已知线段 $AB=5$，在线段 AB 上截取 $BC=3$，那么 $AC=$ _____。

练习 2 已知线段 $AB=5$，延长线段 AB 至 C，使 $BC=3$，那么 $AC=$
_____。

练习 3 已知线段 $AB=5$，反向延长线段 AB 至 C，使 $BC=3$，那么 $AC=$
_____。

第三组：

练习 1 已知 $\angle AOB=80°$，在 $\angle AOB$ 的内部画射线 OC，使 $\angle BOC=30°$，
则 $\angle AOC=$_____°。

练习 2 已知 $\angle AOB=80°$，在 $\angle AOB$ 的外部画射线 OC，使 $\angle BOC=30°$，
则 $\angle AOC=$_____°。

例 1 已知点 A、B、C 在同一直线上，线段 $AB=5$，$BC=3$，那么 $AC=$
_____。

练习 1 已知线段 $AB=5$，$BC=3$，那么 A、C 两点的距离是（   ）
        A. 8   B. 2   C. 8 或 2   D. 不能确定

例 2 已知点 C 是线段 AB 上一点，$AC:BC=1:3$，点 D 是 AB 的中点，
$CD=2$，则 $AB=$_____。

练习 2 已知点 C 是直线 AB 上一点，$AC:BC=1:3$，点 D 是 AB 的中点，
$CD=2$，则 $AB=$_____。

例 3 已知 $\angle AOB=30°$，$\angle AOC=80°$，OD 是 $\angle BOC$ 的平分线，则
$\angle COD=$_____°。

练习 3 已知 OM 是 $\angle AOB$ 内部的一条射线，$\angle AOM:\angle MOB=2:3$，
$\angle AOB$ 又被射线 ON 分成 $4:1$ 的两部分，$\angle MON=30°$，则 $\angle AOB=$
_____°。

这节课中我并没有把整个单元的知识点都放在一节课内进行复习，而是选择了专题的整合和巩固，主要针对学生阶段学习后反馈的难点、弱点进行合理编排，层层铺设台阶，精选例题。内容选择主要是富含逻辑，突出重点和难点。这样的复习课的有效性体现在能让学生学会"举一反三"，学会一道题从而解决一类题，实现数学综合能力的提升。

三、合理的教学设计

传统的复习课常常以"讲讲练练"的形式进行，学生难免感觉枯燥。我在

《线段、角的概念的分类讨论问题》一课中，采用游戏冲关的形式来衔接，每过一关即可获得相应的游戏装备，这个装备就是学生掌握的数学方法和技能，这样的形式对六年级学生来说非常具有吸引力，学生在课堂中始终保持着高度的热情，愿意投入到具有挑战性的问题中来。提高学生的兴趣是提升复习课教学效果的重要手段。

图

四、高效的教学流程

在学校"指向初中生核心创新素养培育的和韵课堂建设的实践研究"课题的引领下，结合本节课的教学内容，我把本节课的核心教学目标定位为"会分析"，我在课堂教学过程中努力践行"五善"，突出"善于设疑提问""善于启发指导"。

本节课设计了三个环节：

1. 准备与铺垫（铺设台阶，学生达成初步"会分析"：熟悉"在线段上取点""延长线段""三个点在同一直线上""在角的内部或外部"等几何语言，没有给出图形的题目能根据几何语言画出图形，能把已知条件标记在图上，并能进行简单的线段、角的和、差、倍的计算。）

用一解的线段、角的概念问题作为铺垫，学生复习必要的几何语言、画图方法、标记条件的方法以及基本的几何计算方法。

2. 分析与应用（登上台阶，学生达成第二层次的"会分析"：会分析题目中的关键条件，找到分类讨论的突破口，将几何语言转化为图形，将几何问题转化为代数计算，常用方程思想求解。）

学生辨别两解的线段、角的概念问题，学习这类问题的分析方法，掌握这类问题的分类讨论方法，能画出图形并进行简单的计算。

3. 拓展与提高（更进一步，学生达成高层次的"会分析"：能熟练进行分类讨论画出对应的图形，将多解的线段、角的综合问题层层分解，转化成代数问题，通过计算或方程求解，并能从特殊到一般，归纳总结这类问题的解题方法。）

学生通过分类讨论和画图，将多解的线段、角的综合问题转化成代数问题，通过计算或方程求解，并总结这类问题的解题方法。

这样的流程设计能让不同层次的学生都能登上高于自己初始水平的台阶，让每位同学的数学能力都得到不同程度的提高，高效的教学流程也是提升复习课教学效果的基石。

五、分层的教学目标和作业布置

作业单

1. 如图，在直线 PQ 上找一点 C，使 $PC = 3CQ$，则点 C 应在（　　　）。

A. PQ 之间　　　　　　　　B. 在点 P 的左边

C. 在点 Q 的右边　　　　　D. 在 PQ 之间或在点 Q 的右边

2. 若互补的两个角有一条公共边，则这两个角的平分线所组成的角（　　）。

    A. 一定是直角　　　　　　　B. 一定是锐角

    C. 一定是钝角　　　　　　　D. 是直角或锐角

3. 已知线段 $AB=10$，$AC+BC=12$，则点 C 的位置在：①线段 AB 上；②线段 AB 的延长线上；③线段 BA 的延长线上；④直线 AB 外。可能出现的情况有（　　）。

    A. 1 种　　B. 2 种　　C. 3 种　　D. 4 种

4. 如图，线段 AB 被点 M 分成 3：5 的两部分，又被点 N 分成 3：1 的两部分，若 $MN=6$，则 $AB=$ _____。

5. 已知 $\angle AOB=80°$，$\angle BOC=30°$，OD、OE 分别是 $\angle AOB$、$\angle BOC$ 的平分线，则 $\angle DOE=$ _____°。

6. $\angle AOB$ 被射线 OM 分成 2：3 的两部分，又被射线 ON 分成 4：1 的两部分，$\angle MON=30°$，则 $\angle AOB=$ _____°。

7. 如图，已知 $\angle \alpha$ 和 $\angle AOB$。（要求尺规作图，保留痕迹，不必写画法）

（1）以 OA 为一边作 $\angle AOC$，使 $\angle AOC=\angle \alpha$；

（2）作出 $\angle BOC$ 的平分线 OD；

（选做）（3）若 $\angle AOB=\beta(\beta>\alpha)$，试用含有 α 和 β 的式子表示 $\angle AOD$。

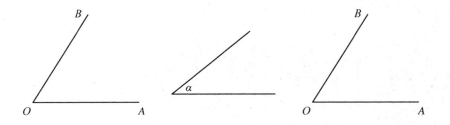

    分层的教学目标和课后分层作业的要求，是以学生为本的教学理念的体现，当我们的教学目标是针对不同学生有层次地设计时，作业要求当然也应该有所不同，我们不可能要求一节复习课之后班级每位同学所掌握的知识和技能是一

样的水平，因此分层的教学目标和作业设计也是提升复习课教学效果的必要保障。

改善课堂教学的方法有很多，需要各种策略相互结合，需要教师动很多脑筋去组织一节复习课，这样才能全面提升数学复习课的教学效果，教无止境，我们需要不断创新和探索，让数学复习课更吸引学生、更有效。

（本课例作者：李　琰）

第三章

会质疑：创新思维培育的起点

质疑是创新思维的首要构件。疑方能创新，创新必先有疑。有小疑则有小进，有大疑则有大进。质疑是学习者在强烈的好奇心驱使下，敢于独立思考，设疑问难，敢于大胆发言，热烈讨论，敢于追根究底，探索未知。爱因斯坦说"提出一个问题往往比解决一个问题更重要"。敢于提问质疑是创新意识的标志，是创新思维的起点，是创新过程的萌芽。

第一节　质疑是学习者的新风尚

一、质疑的价值

中国传统教育希望孩子听话，听话才是好孩子。我们的孩子回家，父母总是习惯性地问，今天在学校听老师的话了吗？而以色列的家长在孩子放学回家时总是问，今天你提出问题了吗？提了几个问题？把老师难倒了吗？这就是教育的差别，这就是"钱学森之问"的答案。没有对前人的质疑，哪来的创新和创造？

质疑的目的就是求真和创新。

求真就是探索规律。不仅要知其然，还要知其所以然。求真不但是一种科学的精神，更能够培养学生优秀的品质。质疑的过程就是发现真善美和鉴别假丑恶的过程，就是培养学生优秀品质的过程。

创新就是推陈出新。创新需要有探索精神，没有质疑，探索就不会开始，假如学生全盘接受书本知识，全盘接受教师教给的知识，那么学生就只会唯书唯上，只会人云亦云。即使别人说得都对，学生也只能知其然而不知其所以然。如果只知道那些教条化的结论，除了对考试有用，对解决现实生活中的问题能有什么用？所以，必须让学生敢于提出"为什么"和多问几个"对不对"，让学生在质疑中追根溯源。

质疑是探索的起点，也是创新的前提。如果学生不敢问为什么，也就不知道对不对。不知道对不对就不可能进行新的探索，更谈不上创新。科学发明和创造没有一个不是从质疑开始的，如果牛顿没有对苹果为什么会落地的质疑，就不可能发现万有引力定律。如果瓦特没有对烧水时壶盖为什么会被顶起来的质疑，就不会发明蒸汽机，所以说质疑是探索和创新的开始。

质疑是一种品质，一种思维，一种精神，它是探索的起点，更是创新的前提。因此，我们必须把培养学生的质疑精神当作一种课堂文化去培养。

二、 质疑的含义

质疑的意思是提出疑问。质，询问、责问。疑，疑问、疑惑。《管子·七臣七主》："芒主通人情以质疑，故臣下无信，尽自治其事，则事多。"《汉书·陈遵传》："竦居贫，无宾客，时时好事者从之质疑问事，论道经书而已。"今亦指提出疑难问题。

上海辞书出版社 2002 年音序版《辞海》给出的质疑定义为请人解答疑难。《现代汉语词典》的解释是提出疑问以求解答。

三、"质疑"的学科内涵

"学起于思，思源于疑。"质疑是一种科学的态度和能力，培养具有质疑能力的学生是时代对教育提出的新要求。

语文新课标倡导自主、合作、探究的学习方式，其目的之一在于鼓励学生自主阅读、自由表达。如引导学生针对重点词句质疑，帮助学生掌握课文大意，对重点进行探究，并挖掘文章主旨；引导学生小结后质疑，对学生的学习情况进行及时反馈并引导学生更深入地理解文章中心，领悟写作方法；还可以对文章的标点、表达方式、方法等方面进行质疑。总而言之，语文教学应引导学生在阅读中质疑，在质疑中理解，在理解中创新，从而使学生获得新知，由"被动学习"变为"主动学习"。

数学新课标要求教师在课堂上进行创新型教学，激发和培养学生的创新精神和创造能力，引导学生学会探索问题，提出问题。数学严密的逻辑性和抽象性常常使学生陷入困惑中。因此，教师要培养学生的质疑意识和能力，让他们的问题得以及时发现和解决。让每个学生都能真正参与到学习的全过程中，从而逐渐形成良好的数学思维能力。

随着初中英语课程改革的逐步深入，考试评价更关注学生的能力。新课程标准要求在教师的指导下，使学生获得知识和技能、发展能力，变被动学习为主动学习，使学习成为一种快乐的情感体验。这就要求教师注重培养学生自主学习的能力，训练他们发现问题和解决问题的能力，使学生能够主动发现问题，提出有价值、有挑战的问题。

　　除了语文、数学、英语这三门传统意义上的主课外，其他学科的教学也提倡改变原有的以教师授课为主的教学模式，鼓励学生积极思考，勇于质疑，善于提问。

第二节　不同学科有不同质疑点位

传统的评价方式重知识、轻能力，重结果、轻过程，重教师的教，忽视学生思维水平的发展，忽视改进与激励功能，这种评价方式显然无法对学生的质疑能力做出评价。"会质疑"关注学生能否发现问题，是否敢于提出问题，能否提出有质量的问题，是否有质疑的思维习惯。以语文、数学、英语三门学科为例，具体评价指标见表3－1所示：

表3－1　语数英学科关于质疑的评价指标及描述

学科	一级指标	二级指标	指标描述
语文	会质疑	△发现困惑与问题	对文本内容的科学性，作者观点态度、他人的观点态度产生困惑，提出质疑
		△寻找证据与支持	面对困惑与问题，通过多种渠道（网络，工具书，专家）为自己提出的质疑找到实证
		△确立观点与立场	能有依据、有条理地提出新的观点和立场，并通过讨论，进一步完善
		★掌握质疑方法	打破思维定势，善于捕捉差异，精于逻辑思辨，合理展开想象，充分提供证据
		★养成质疑习惯	养成独立思考的意识和大胆质疑的行为
数学	会质疑	△在梳理中发现困惑	善于梳理知识、检查错题，从中发现自己在学习中存在的困惑
		△在探究中获得体验	在老师的指导下进行自主学习和探究活动，从中获得发现新知的丰富体验
		△在反思中形成见解	学会对已有的知识经验进行反思，对问题进行多方面分析、发散性思考，从中形成自己的见解
		★尝试联想与迁移	内化已有的知识和经验，并能把不同学科的知识综合起来，做到融会贯通
		★尝试创新与创造	尝试利用所学知识自主设计问题，合理利用所学知识解决新问题

学科	一级指标	二级指标	指标描述
英语	会质疑	△发现困惑与问题	对文本内容的科学性，作者观点态度、他人的观点态度产生困惑，提出质疑
		△寻找证据与支持	面对困惑与问题，通过多种渠道（网络，工具书，专家）为自己提出的质疑找到实证
		△确立观点与立场	提出新的观点和立场，并通过讨论，进一步完善
		★掌握质疑方法	打破思维定势，善于捕捉差异，精于逻辑思辨，合理展开想象，充分提供证据
		★养成质疑习惯	养成独立思考的意识和大胆质疑的行为

（一级指标对应五个二级指标，其中△为基础性指标，★为发展性指标）

第三节　质疑能力提增的策略选择

《中国学生发展核心素养》包含的六大核心素养中的文化基础——科学精神中包含了批判质疑的素养，重点是具有问题意识；能独立思考，独立判断；思维缜密，能多角度、辩证地分析问题，做出选择和决定。"会质疑"应该包括"想不想问"，即有没有问题意识；"敢不敢问"，即有没有批判质疑、挑战权威的胆量；"会不会问"，即能不能提出有价值的问题。在近几年的教学过程中我们不难发现，多数学生"懒得"发问，因为被动地接受比主动发问容易得多。有些学生在老师的启发引导下能提出一些问题，但问题的质量有待提升。真正能主动质疑并提出有质量的问题的学生少之又少。

曾经看过一篇文章，说在语文课文《愚公移山》一文的教学活动中，经常会有学生提出质疑，甚至有人建议将《愚公移山》一文从中学课本中移除。关于这篇寓言，学生的质疑声很多，诸如愚公为什么要选择移山，搬家不是更容易吗？如果有不得已的原因不能搬家，那为什么不能挖隧道呢？挖隧道总比移山容易。愚公为什么不动脑筋想一想简单的解决问题的方法而要选择最困难的方法呢？这些问题，乍一看觉得有些道理。但是，仔细琢磨，这些问题的提出，其实是学生不理解文章的主旨。《愚公移山》是一篇寓言，寓言是用比喻性的故事来寄托意味深长的道理，给人以启示的文学体裁。《愚公移山》的寓意是不畏艰难，坚持不懈的精神。我们可以质疑"愚公移山"不是一个解决问题的最佳方案，例如可以搬家、可以绕道、可以开路而非搬山，但不要放错重点，锲而不舍的精神本身没有问题。因此，提出上述疑问的学生，既不懂寓言的特点，也没有领会《愚公移山》这篇寓言的寓意，那么这样的质疑其实是没有价值的。从中我们也不难发现，现实中我们不乏"敢质疑"的学生，缺的是"会质疑"的学生。

那么，怎样才能让学生"会质疑"呢？调查结果显示，培养学生的问题意识，养成善于发问的习惯是老师提及最多的培养要点，其次是"老师应保护学生质疑的积极性"和"建立平等、民主的师生关系"。可见，要培养学生的质疑精神和质疑能力应该至少从教师和学生两个层面去思考。除此之外，家长是孩子的第一任老师，家长在培养孩子的质疑精神和质疑能力方面的作用也不容忽视。

一、"会质疑"能力的培养，教师可以这样做

（一）改变思维模式，克服情感落差

尊师重道是中华民族的优良传统。一方面，尊师是重学、重道的表现，只有在重教的社会风气中，教师的价值才能凸显，才能赢得世人的理解和敬重。另一方面，尊师也使我们的民族更加笃信教育，相信教育能够改变命运，读书能够优化素质，提升境界，这进一步促进了全社会的向学之风。

然而，尊师的片面化和极端化，也对我们民族及其文化产生了负面影响。比如，在尊师的旗帜下，强调对家法的继承，对师法的恪守，不许学生有自己的观点，限制学生标新立异，这些都一定程度上束缚了学生的批判意识和质疑精神，对创新精神和创新能力的发展起了一定的阻碍作用。

相信读过韩愈《师说》的人，一定会对文中名句"弟子不必不如师，师不必贤于弟子。闻道有先后，术业有专攻，如是而已"这段话记忆犹新。随着科技的发展，互联网技术的日益完善，学生获取知识和信息的渠道越来越多，他们的知识面远比我们想象中要广，他们对事物的认识也比以前更深刻。教师必须改变固有的思维模式，有时甚至要克服情感落差，允许学生质疑，鼓励学生质疑。因为质疑不是不尊师的表现，被学生质疑，教师不必觉得尴尬。相反，学生会质疑是因为他们在主动学习、积极思考，相比那些浑浑噩噩、盲目服从的学生而言，会与老师交流意见，共同探讨问题反而是尊师的表现。

（二）关注质疑价值，勇于自我批判

在传统的教育模式下，老师与学生之间只是教育与被教育的关系，缺少有效的沟通和交流，使教师和学生虽然存在于一个空间场所，但是却没有互动和沟通，学生的具体学习情况和接受知识的水平老师都不够了解，教学缺乏针对性。在教学中培养学生的质疑能力，可以有效地促进生生之间、师生之间的沟通和交流，营造良好的课堂互动氛围，保障教学的有序开展，有效提升教学效果。

教师要特别重视学生质疑自信心的培养，鼓励学生"不唯书""不唯师"。在培养过程中，要善于从学生的表现中发现闪光点，及时给予鼓励，帮助学生树立质疑的自信心。同时，对于教师来说，勇于进行自我批判，承认自己的不足，与学生一起探讨，一起进步。

二、"会质疑"能力的培养，学生可以这样做

（一）思考先于质疑，提高问题质量

质疑精神不是张口就问，而是有依据地问，培养最终的落脚点是逻辑推理能力和实证能力。也就是说，遇事要先有一个思考、判断的过程，查证后再发问。有的学生囫囵吞枣地听，连最基本的学习内容都不知道就开始批判，连生活常识都没有就乱提建议，这样的质疑就变成了无理取闹，毫无意义。我们不难发现，这种情况在现在的一些学生中也非常普遍。

还有一些学生，虽然心中有疑问，但因听讲的过程中还不是很熟悉老师的思路，或不熟悉老师所讲的经典，所以听不明白。想问却又担心问题是不是太幼稚了，问了以后会不会被别的同学笑话。问题太多会不会被同学嫌烦，觉得浪费大家的时间等等，所以就都不敢问。这种情况下，学生不妨继续努力地听讲，仔细去体会老师的思想，体会经典所包含的深意，或者下课之后去搜索相关资料。如果经过努力，还是没能解决疑问，那么再勇敢地去质疑，相信老师一定能答疑解惑。

（二）提升提问智慧，巩固质疑水平

有人问现代管理之父德鲁克："我如何才能成功？"德鲁克回答说："如果你不改变问问题的方式，你永远都不会成功。"可见，提问的方式非常重要。思维的批判性有助于发现问题、提出问题，并从不同角度思考问题，探索解决方案。批判能调动学生的经验，激发学生新的学习动机，促使学生解决问题，改进现状。然而，批判不仅要有质疑的勇气，有表达自己观点、给出合理化建议的能力，而且要考虑他人的感受，知道怎样的方式更容易被人接受，更有利于解决问题。这就需要学生不断地培养提问的智慧，不仅让别人听明白问题，还能让别人乐于回答。

在质疑之前，学生应该先准备好问题，再将问题仔细地思考一遍，因为草率的发问只能得到草率的回答，或者根本得不到任何答案。在寻求帮助前，自己要先为解决问题付出足够的努力，确定自己没有办法解决问题时再质疑。事实上，发现问题并自行思考寻找答案的过程就是一个主动学习的过程，学生会得到比问题的答案更多的收获。

三、"会质疑"能力的培养，家长可以这样做

培养孩子的质疑精神，需要家长的努力。作为家长，可能也常在到底是要养"乖孩子"还是"皮孩子"之间感到矛盾。现在的孩子接受的信息越来越多，好奇心也更盛。这种情况下，面对孩子简单的发问就更不能以粗暴的方式回绝，而是应该通过追问、反问等方式来培养孩子主动思考的习惯。

教育家陶行知在《创造的儿童教育》一文中写道："发明千千万，起点是一问。禽兽不如人，过在不会问。智者问得巧，愚者问得笨。人力胜天工，只在每事问。"质疑是一种非常有效的学习方法，家长要鼓励和帮助孩子养成质疑意识，勇于质疑、乐于质疑、善于质疑，努力引导孩子发现在质疑中获取新知和能力的乐趣，从而形成"学贵有疑"的理念。

第四节　精心呵护和培植"创新之芽"

疑是思之源。学生只有掌握了质疑的方法，才能更好地发现问题，思维才能更活跃。威廉·詹姆斯说："人性中最深切的禀质，是被人赏识的渴望。"获得成功体验，是学生不断进行创造性学习的动力。在教学中，教师应当从提高学生全面素质的角度出发，强化激励性的评价机制。一个富有独立性和创造性的看法，即使是错误的，也应获得一个积极的评价。只有精心呵护和培植今日娇嫩的"创新之芽"，才能绽放出明日灿烂的"创造之花"。

一、提倡有价值的质疑

从如今网络上充斥的各种完全不合逻辑的质疑之声就能发现，很大程度上，我们可能不缺乏质疑，但缺乏的是真正的质疑精神和质疑能力，我们的课堂亦是如此。质疑精神固然可贵，但如果没有相应的知识储备，就不会质疑；缺乏较有深度的思维，就没有能力质疑。所谓的质疑，就成了无源之水，无本之木。所谓的质疑精神，只能是荒谬的，不合情理的。它们不是科学的质疑，而是胡乱的质疑，甚至可以说是胡乱的猜疑。质疑不是怀疑一切，它是建立在对科学规律系统、完整把握的基础上。

● 课例分享

邹忌讽齐王纳谏

教学目标：

借助语境推断重点文言词语的意义与用法。朗读课文，疏通文句，理解邹忌讽谏的思路和技巧以及明君善于纳谏的大度胸怀。说说类比设喻的特点，及在人际交往中的重要作用。

教学重点：

总结一词多义、古今异义和词类活用现象。

教学难点：

反复诵读，体会邹忌进谏的技巧。

教学步骤：

一、导入

出示成语"道路以目"，谁可以说说这个成语的意思？

提示：出自《国语·周语》，周国第十任国君周厉王统治残暴，民不聊生，百姓怨声载道，周厉王为了除掉不服从自己的人，大肆屠杀镇压，于是人们不但不敢议论国事，甚至在路上碰面也不敢打招呼了，只能用眼睛示意，形容对统治者的憎恨和恐惧。在专制时代，一个国家的命运要系于国君一人身上，他必定要是一个称职的国君，他必定需要一群尽忠职守的大臣。那么怎样才能做个称职的国君，怎样才能成为尽忠职守的大臣呢？今天让我们来看着这样一位国君，这样一位大臣。

二、资料介绍

《战国策》是战国末年和秦汉间的人编辑的一部重要的历史著作，也是一部重要的散文集。最初有《国策》《国事》等名称，经过汉代刘向整理编辑，始定名为《战国策》。这是一部"国别体"史书（与《左传》纪年体史书相区别），全书共 33 篇，主要记载的是战国时策士们的言论和行动。

三、课文理解

（一）解题：请同学们齐读课题《邹忌讽齐王纳谏》，思考："讽""纳""谏"三个字的意思。

提示：讽，即用暗示、比喻之类方法委婉地规劝。纳，接受、采纳。谏，臣子向国君提建议。整个题目含有两层意思：邹忌规劝齐威王，齐威王接收规劝。

（二）我们一起来看看邹忌是如何"讽谏"的，齐威王又是如何"纳谏"的。

1. 读第一小节，逐句翻译理解。

（1）板书重要词语和句式：朝、孰、暮、窥；……孰与……＝……与……孰……（都是表示比较的固定格式。孰，疑问代词，因为强调而被提前），忌不自信（否定句中，代词宾语前置），"……也"和"……者……也……"表判断，

"即……"是什么呢？

（2）邹忌为何要和徐公比美？

提示："城北徐公，齐国之美丽者也。"因为徐公是齐国公认的美男子，而邹忌也是身高"八尺有余""形貌昳丽"的翩翩公子，于是他不由自主地产生了要与其一比高下的想法。正因为徐公是公认的美男子，也为下文"忌不自信"而复问妾、客埋下伏笔。

（3）邹忌在问妻、问妾、问客的过程中，语气与情感是否发生变化？妻、妾、客三人回答时语气与情感是否有不同？

提示：邹忌早上起来照镜时面对着镜子里风度翩翩的公子，自信油然而生，于是问妻"与徐公谁美"，但是在得到了妻子热情赞美的肯定后，转念一想徐公可是全国公认的美男子，不一定比得过，于是严肃地向其妾求证。妾人微言轻，于是小心谨慎地肯定了丈夫的询问，此时本不自信的邹忌又将信将疑了。恰巧有客人前来拜访，于是又询问了他，客人本就是有求于邹忌，所以当然是毫不犹豫地肯定了"徐公不若君之美也"。此时邹忌应该是信心满满，洋洋得意啊。

（4）在第一节中，美男子徐公现身几次？有什么作用？

提示：第一次现身时为"忌不自信"埋伏笔，推动了情节发展；第二次现身是邹忌在三人肯定下完全自信地认为已"美与徐公"了，看到徐本人时完全败下阵来，仔细一看，"自以为不如"，不甘心照着镜子看更是"弗如远甚"了。徐公的两次现身使邹忌由踌躇满志变为将信将疑，再到心悦诚服。

（5）邹忌最终明白了妻、妾、客三人为何要欺瞒他的原因了吗？

提示：邹忌是一个善于思考的人，在这次失败的比美过程中，他恍然大悟，原来妻子是偏爱自己，小妾是害怕自己，而客人有求于自己，所以三人才会不约而同地睁着眼睛说瞎话。

到此，故事应该结束了，无非是被妻、妾、客欺瞒了一通，暗自丢了人，幸好影响也没有扩大，不会被人耻笑，大不了回去臭骂一顿妻、妾，不理客人就是了。可是邹忌有这样做吗？

2. 读第二小节，逐句翻译理解。

（1）板书重要词语：地、方（古今异义词）。

（2）邹忌入朝拜见威王的目的是什么？

提示：见威王的目的是为了向他进谏，偏听则暗，希望他能广开言路。

（3）邹忌又是如何向威王表达这一意向的呢？

提示：通过自己偏听三人而狂妄地认为自己美于徐公的故事，指出威王也会因为私王、畏王、有求于王而听了很多误导自己判断的话，"王之蔽甚矣"。邹忌用类比的方法，巧妙地设喻，由小及大，由近及远，使威王幡然醒悟，可见他的方法非常有说服力，而且也很委婉，所以威王并没有因此而暴跳如雷。

我们说威王因为邹忌的一番话而幡然醒悟，从哪里看出他已经被警醒了？接着往下看。

3. 读第三小节，逐句翻译理解。

（1）板书重要的词语：面、受、闻。

（2）威王听了邹忌的话后，有何表示？

提示：他在朝堂之上，立马就做出了反应，"善"既是对邹忌自我反省的肯定，也是对自己受蔽之深的认同。于是马上颁布了三个命令，即"三赏"。请同学齐读"三赏"。

（3）既然威王是诚心改过，为何要制定"三赏"，只要能批评指责过错的皆赏不是更简明扼要吗？

提示：因为这"三赏"分别是根据批评者勇气的大小而设定的，敢于当面直谏的给予上等奖赏，能上书进谏的给予中赏，只能在市井中背后议论的被我听到了，那也给予一定的奖励，下赏吧。

（4）威王的命令造成了怎样的影响？

提示："三变"，初下——数月之后——期年之后，进谏的人越来越少，最终"无可进者"。

（5）威王的命令收到了怎样的效果？

提示：四国皆朝于齐，战胜于朝廷。在战国纷争的时代，各个国家为了扩大土地兼并人口往往通过战争来控制主动权，这往往会造成很多的伤亡和损失，而兵法的最高境界就是"不战而屈人之兵"，通过强大的军事和国力威慑，使敌人屈服。正是因为邹忌善于直谏，威王善于纳谏，使齐国的人民安居乐业，政治逐步清明，国力得到了极大地增强，最终在朝廷上兵不血刃地取得了胜利。

可见邹忌是一个善于类比，巧用设喻的尽忠职守的大臣，威王是一个宽容大度、英明的国君。

（三）写作特点总结

1. 人物描写栩栩如生。文中刻画了一个善用譬喻讽谏的谋臣形象邹忌，寥寥数语就刻画了一个美男子徐公；用语言描写和侧面烘托刻画了一个明君齐威王，以及妻、妾、客各自的身份。这也体现了《战国策》的人物塑造特点。

2. 精彩的对话。邹忌在与妻子的对话时是踌躇满志的，在与妾的对话时是严肃急切的，在与客的对话时是小声试探的。同样因为三人的所处地位不同，回答问题时的语气神态也各不相同。

3. 巧妙的结构安排。文中最主要运用了广为称赞的"三叠法"：三问三答（与徐公比美），三比（由己及人，由小及大），三赏（齐王纳谏），三变（战胜于朝廷）。

四、作业布置

（一）给下列字注音。

映丽（　　　）　　　朝服（　　　）　　　窥镜（　　　）

期年（　　　）　　　朝于齐（　　　）　　　间进（　　　）

（二）解释下列古今异义词。

	古　义	今　义
地方		
窥		

（三）找出下列句子中活用的词语，指出其用法。

1. 群臣吏民能面刺寡人之过者

2. 朝服衣冠

3. 暮寝而思之

4. 吾妻之美我者

5. 闻寡人之耳者，受下赏

（四）整理文中的通假字。

（五）整理文中的固定句式。

（六）思考：在人际交往中给他人提意见时如何委婉地表达且又能达到预期效果？

附：课堂观察评价标准目录

《邹忌讽齐王纳谏》课堂观察评价标准目录			
核心教学目标：会质疑、会分析。			
第一层次初步"会质疑、会分析"： 借助语境推断重点文言词语的意义与用法。			
第二层次"会质疑、会分析"： 理解邹忌讽谏的思路和技巧。			
观察维度	观察视角	观察点	总体评价
学生学习	准备	学生课前准备了什么（学习用品/精神状态）？有多少学生做了准备？	
	倾听	有多少学生倾听老师讲课？（百分比）有哪些辅助行为（记笔记/查阅/回应）？	
	互动	有哪些互动行为？学生的互动能为目标达成提供帮助吗？	
		学生的互动习惯怎么样？出现了怎样的情感行为（主动/被动）？	
	自主	学生自主学习的时间有多长？选取的形式是（阅读/练习/思考/探究）？	
教师教学	呈式	教师在课堂中的行为（讲解/走动/指导等）是否规范？是否有利于教学？	
		板书、媒体是怎样呈现的？是否为学生学习提供了帮助？是否适当？	
课程性质	目标	学习目标的表达是否规范？目标是根据什么（课程标准/学生/教材/纲要）预设的？是否符合该班学生？	
	内容	课堂中生成了哪些内容？怎样处理？	
课堂文化	民主	师生行为（情境设置/叫答机会/座位安排）如何？学生间的关系如何？	

（本课例作者：武小露）

二、 运用合理的质疑回应

因为要培养学生质疑精神，我们的课堂就逐步改变了老师"一言堂"的状态，学生发言开始踊跃起来了，积极提出自己的问题和思考。一些老师常用"很好""不错""有道理"这几个词来评价，但很少会有"为什么很好""为什么不错""为什么有道理"这样深度的回应。于是，质疑成了花架子，没有实际意义，学生既没有知识上的收获，也没有情感上的收获。教师应当首先注意保护和满足学生的好奇心和求知欲，妥善地解决他们心中的疑问，并以学生的疑问为突破口，捕捉学生"智慧的火花"与"灵感"，及时给予鼓励和肯定，以此推动学生不断发现新问题，使学生逐渐养成质疑的习惯，提高质疑的能力，使学生的思维处于主动、积极、愉快地获取和运用知识的状态。

● 课例分享

有理数的意义

教学目标

1. 理解正数、负数以及有理数的意义，会用正数、负数表示具有相反意义的量。

2. 通过思考、归纳，完成从整数集和正分数集到有理数集的扩展，会对有理数进行两种分类。

3. 在积极思考质疑、参与讨论的活动中，自觉改进学习方式，促进良好思维习惯的养成和沟通、交流能力的提高。

教学重点和难点

有理数的两种分类。

教学过程

一、正数、负数

（一）表示具有相反意义的量

请大家翻到课本 P1，观察图片。

数的概念是随着生产和生活的需要而不断发展的。在现实生活中我们常常会遇到一些量，它们具有相反的意义，如：

1. 一家商店一月份盈利 1000 元，2 月份出现低谷，亏损了 500 元。

2. 小明家三月份总收入 4500 元，全家支出了 2000 元。

在我们以前学过的知识中是否有方法表示这些相反意义的量呢？

正数和负数可以表示具有相反意义的量。

思考 1：

1. 如果把收入 50 元记作 50 元，那么下列各数分别表示什么意义？

(1) 20 元　　(2) 2.5 元　　(3) －80 元　　(4) 0 元

2. 如果 6 摄氏度用 6℃ 表示，那么零下 4 摄氏度如何表示？

（二）正数、负数

大家已经了解了可以用正数、负数表示相反意义的量，下面请同学们再举出些正数的例子。

正数（positive number）

有时为了强调符号，在正数前面加上"＋"。如 ＋2、＋16、＋18.5、＋30%、＋$\frac{1}{4}$ 等。

问：那么什么是负数？并举例。

补充：

在正数的前面加上"－"号的数叫做负数（negative number）。

问：那么零是正数还是负数呢？

强调并补充：

零既不是正数也不是负数。零和正数又可以称为非负数。

（三）巩固

例题 1：把数 －12，71，－2.8，$\frac{1}{6}$，0，7$\frac{1}{2}$，34%，0.67，－$\frac{3}{4}$，$\frac{12}{7}$，

－$\frac{9}{5}$ 分别填在表示正数和负数的圈里。

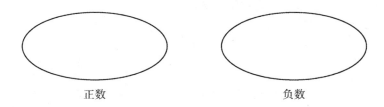

正数　　　　　　　　　　　　　　　　　负数

思考2：

提问：0能放到以上两个圈中吗？

二、有理数的概念及有理数的分类

1. 有理数的概念

板书：整数和分数统称为有理数。

解释说明：我们知道，有限小数和无限循环小数都可以化为分数，目前我们只讨论有限小数和无限循环小数，所以这些小数可看作是分数。

提问：整数包括哪些数呢？分数包括哪些数呢？

有理数的分类：

板书：有理数 $\begin{cases} \text{整数} \begin{cases} \text{正整数} \\ \text{零} \\ \text{负整数} \end{cases} \\ \text{分数} \begin{cases} \text{正分数} \\ \text{负分数} \end{cases} \end{cases}$

说明：如果我们把整数看成是分母为1的分数，那么在这个意义下，所有的有理数都是分数。

提问：对于有理数，你是否还可以找到另一种分类方式？

有理数 $\begin{cases} \text{正有理数} \\ \text{零} \\ \text{负有理数} \end{cases}$

以上一种是有理数的另一种分类。

2. 有理数概念的运用

例题2：在下列数中，哪些是整数？哪些是正数？哪些是负数？哪些是有理数？哪些是非负数？非负整数？非正整数？

$$8，-3，7\frac{1}{2}，-\frac{1}{6}，69，0，0.32，-1\frac{2}{5}，-3.1。$$

板书学生回答。

针对学生回答中出现的问题向学生解释非负整数和非正整数概念。非负整数是指零和正整数，非正整数是指零和负整数。

三、课堂练习

A组

1.（1）在数-2，25，0，$\frac{3}{5}$，-0.35，$-\frac{1}{3}$中，正数是_____，负数是_____。

（2）如果规定向东走为正，那么走-50米表示什么意义？如果规定向南走为正，那么走-50米又表示什么意义？

2. 任意写出6个正数与6个负数，分别把他们填入相应的大括号内：

正数：{　　　　　　　　}。

负数：{　　　　　　　　}。

B组

1. 下列各数分别表示什么数？将它们分别填在相应的圈里。

$$-15，5，-0.23，0.51，0，-0.65，7.6，2，-\frac{3}{5}，1.5\%。$$

正数　　　　负数　　　　非负数

2. 把下列各数分别填在相应的大括号内：

$$-1，-2，0，+3.14，-\frac{3}{4}，6，33.3\%。$$

整数：{　　　　　　　　}。

分数：{　　　　　　　　}。

正数：{   }。

有理数：{   }。

非正数：{   }。

非负数：{   }。

非负整数：{   }。

3. 选择题

(1) 下列说法不正确的是（   ）。

A. 零是有理数   B. 零是整数

C. 零是正整数   D. 零是非负数

(2) 在现实生活中，常会遇到这样一些问题：

① 温度是零上 10℃ 或零下 10℃

② 收入 1 000 元或支出 3 000 元

③ 向东走 3 千米或向南走 3 千米

④ 买进 20 瓶可乐或卖出 10 瓶可乐

以上成对出现的量中具有相反意义的有（   ）个。

A. 1   B. 2   C. 3   D. 4

四、课堂小结

通过今天的学习，你学到了什么，有什么收获？

附：课堂观察评价标准目录

《有理数的意义》课堂观察评价标准目录
核心教学目标： 会质疑。
第一层次初步"会质疑"： 思考老师提出的问题，心中给出解答。（100％学生达成）
第二层次"会质疑"： 质疑同学的问题答案，提出不同意见或方法。（50％学生达成）
高层次"会质疑"： 对整个课堂中教师或同学的语言、解题过程等提出问题，质疑某些观点。（15％学生达成）

观察维度	观察视角	观察点	总体评价
学生学习	准备	学生课前准备了什么（学习用品/精神状态）？有多少学生做了准备？	
	倾听	有多少学生倾听老师讲课？（百分比）有哪些辅助行为（记笔记/查阅/回应）？	
	互动	有哪些互动行为？学生的互动能为目标达成提供帮助吗？	
		学生的互动习惯怎么样？出现了怎样的情感行为（主动/被动）？	
	自主	学生自主学习的时间有多长？选取的形式是（阅读/练习/思考/探究）？	
教师教学	呈式	教师在课堂中的行为（讲解/走动/指导等）是否规范？是否有利于教学？	
		板书、媒体是怎样呈现的？是否为学生学习提供了帮助？是否适当？	
课程性质	目标	学习目标的表达是否规范？目标是根据什么（课程标准/学生/教材/纲要）预设的？是否符合该班学生？	
	内容	课堂中生成了哪些内容？怎样处理？	
课堂文化	民主	师生行为（情境设置/叫答机会/座位安排）如何？学生间的关系如何？	

（本课例作者：薛　赟）

第四章

会应用：学习活动的最美姿态

应用是学习的最高境界。学以致用，学用结合，活学活用，知行合一是学习最重要的法宝。善于学习，做到学以致用，找准理论与实践的结合点，把学习的出发点和落脚点放在解决实际问题上，通过学习开阔视野、打开思路，达到学有所用、用有所成的目的。

第一节　应用是学习者的实践法宝

一、"会应用"的价值

2004 年 12 月 26 日，十岁的英国小女孩蒂莉正和家人在泰国普吉岛的麦克奥沙滩上度假。在海滩上烤着太阳、喝着果汁、玩着沙子的一百多名游客，不知道自己即将面临灭顶之灾，但是很幸运，因为蒂莉，他们得以幸免于难。

蒂莉在海边玩耍时，突然发现海面上冒起了大量泡沫，就像啤酒表层的泡沫。她马上联想到老师在地理课上播放的有关夏威夷海啸灾难的纪录片，海啸到来前夏威夷附近海面也飘浮着泡沫。

蒂利马上将这一情况告诉了家人及其他游客，很快，海滩上的一百多名游客迅速离开了海滩，转移到了安全地带，从而成功地躲过一劫。

几分钟后，海岸上果然掀起了巨浪，大海啸发生了。当时只有 10 岁的小蒂莉的名字一夜间传遍全球，她因此赢得"沙滩天使"之称。

上述事件恐怕就是"学以致用"最成功的例子吧。"学以致用"，顾名思义就是要将所学的知识用于实际生活中。有些时候，我们总是很注重理论的学习而不注重实践。尤其是在应试教育的影响下，重分数、轻能力的现象比比皆是。有些学生做题能力很强，但遇到实际问题的时候就不知道该从何下手。知识和实际能力的分裂成了一个极大的问题。

善于学习，做到学以致用，找准理论与实践的结合点，把学习的出发点和落脚点放在解决实际问题上，通过学习开阔视野、打开思路，达到学有所用、用有所成的目的。

二、"会应用"的含义

应用指能将学习材料用于新的具体情境，包括原则、方法、技巧、规律的拓展，代表较高水平的学习成果。应用需要建立在对知识点掌握的基础上。成语"学以致用"的意思就是为了实际应用而学习。

三、"会应用"的学科内涵

应试教育造成我国很多学生"高分低能"。所谓"高分低能"泛指在学校教育中，学生在学业评价上能够获得高分数，但是在工作和生活实际中却表现较差，自立能力、人际交往能力、创新能力等多方面存在较大问题的现象。这些传统意义上的"优秀学生"在应试能力上胜人一筹，但是在解决实际问题的能力上却不见得表现优秀。比如，学生在思想品德课中学习了如何与人相处的知识与技能，学会了考试时该如何正确地答题，但是在现实生活中却不会与人正常相处；学生把英语语法学得滚瓜烂熟，但是却不会用英语与人交流……诸如此类的现象比比皆是。事实上，无论是哪一门学科的设置，其初衷都离不开培养学生对知识和技能的应用能力，只是在"应试"的指引下慢慢"走偏了"。以下为语文、数学、英语三门学科对"应用"能力的相关培养要求。

《语文课程标准》指出：语文是一门实践性很强的课程，应着重培养学生的语文实践能力，而培养这种能力的主要途径应是语文实践。学生在实践中能运用知识，盘活知识，并通过实践再学习、再探索、再提高。课改强调大语文观，要求我们重视培养学生有意识地查找资料的能力和有效地把已有资料运用到理解课文的过程中去的能力。

《数学课程标准》在总体目标中指出：通过义务教育阶段的数学学习，学生能够初步学会运用数学的思维方式去观察、分析现实社会，去解决日常生活中和其他学科学习中的问题，增强应用数学的意识。这一目标的指出，要求教育者在教学的过程中，注重培养学生的数学素养。而数学的应用能力正是数学素养的重要组成部分，提高学生的数学应用能力是提高数学素养的关键。

《英语课程标准》指出：义务教育阶段的英语课程具有工具性和人文性的双重性质，其首要目的是为学生发展综合语言运用能力打基础。强调学习过程，体现语言学习的实践性和应用性，主张学生在语境中接触、体验和理解真实语言，并在此基础上学习和运用语言。

语数英三门学科都不约而同地把知识的应用写入课程标准。确实，学生现在所学的知识，在将来的工作、事业中也许根本用不上，但知识有别的用途，就是作为"工具"和"载体"。学习的目的并不在于学到了多少知识，懂得了多少学问，而应该是怎么学的，学到的知识和技能怎么应用。毛泽东曾经说过"读书是学习，使用也是学习，而且是更重要的学习"。印度近代著名作家、诗人、哲学家泰戈尔也说过"学习必须与实干相结合"。这些都告诉我们，知识是实践的必要条件，实践是学习的最终目的，没有实践，再多的"颜如玉"和"黄金屋"都只是一纸空文。学习与实践是密不可分的。当"仰望星空与脚踏实地"并行时，我们才能理解学习的真谛。而这里所说的实践，就是知识的应用过程。

第二节　不一样学科不一样的应用

"会应用"能力的培养具体应该做到哪些方面，如何评价"会应用"能力目标的达成度，我们对此进行了思考并制定了相关的评价指标。

表 4-1　语数英学科中"会应用"评价指标

学科	评价指标	指标描述
语文	△模仿语言与结构	能模仿典范的句、段、篇进行口头及书面语的交流与表达
	△完成活动与任务	能运用所学知识完成课中及课外的各种练习、活动和任务
	△解决实际的问题	能运用所学语文知识解决生活和实践中相应的问题或应对日常交际任务
	★尝试联想与迁移	内化已有知识和经验，并能把不同学科的知识综合起来，丰富自己对现实生活和文学形象的感受和理解
	★尝试创作与创新	能利用所学知识改编课本剧，制作海报，进行演讲辩论等
数学	△善于数学阅读与分析	善于阅读教材，学会边读边理解、边想象、边画图，善于从字里行间（包括图形或图像）理解问题的条件和要求，并分析之间的关系
	△会初步进行数学建模	能阅读和理解现实问题情境，抽象并转化为一个数学问题
	△会适当进行数据处理	能用基本的统计量、统计图表等反映数据的一些特征，能看懂统计图表，并能结合统计数据开展分析、决策，能理解随机现象，并能初步推测事件发生的可能性
	★提高数学化的能力	多多经历将具体实际问题转化为数学问题的过程，能运用数学模型解决问题，并根据具体的现实情境解读并检验数学结果
	★增强解决问题的能力	会综合运用数与运算、代数与方程、函数、统计与概率、几何等有关知识解决具体问题

学科	评价指标	指标描述
英语	△模仿语言与结构	能模仿标准的语音语调进行交流与表达，能模仿经典范文进行写作
	△完成活动与任务	能运用所学知识完成课中及课外的各种练习、活动和任务
	△解决实际的问题	能运用所学知识解决生活和实践中相应的问题或应对日常交际任务
	★尝试联想与迁移	内化已有的知识和经验，并能把不同学科的知识综合起来，做到融会贯通
	★尝试创作与创新	利用所学知识改编课本剧，制作海报，进行演讲辩论等

（一级指标对应五个二级指标，其中△为基础性指标，★为发展性指标）

第三节　应用能力的培养途径

教育所指向的，不仅是孩子在一张考卷、一次考试中的表现，还应包括为长远人生做准备的能力，能在未来具备全球胜任力的素养。

一、 转变观念，意识先行

（一）转变教学观念，突破应试局限

有人将"素质教育"看作是加强音艺体美的课外活动，削弱文化学习，这是对素质教育的极大误解。素质教育的本质，其实是一种更加指向学生的全面发展，它不仅包括学生的身体素质、心理素质，也包括各种各样的能力和素养培养。比如，培养学生胜任未来的综合能力和素养，包括发现和解决问题的能力、跨文化沟通与交流能力、创新与思辨的能力等等。可以说，真正成功的素质教育，应该接近于一种"全人教育"。

举个例子，同样是语文学科，应试教育只是让学生学好一本单薄的语文教材，生硬地记住阅读分析和应试作文的套路；而素质教育的方法，却是为学生扩充大量课外阅读，在广泛阅读和思辨阅读中，内化为真正的语文能力和素养。当一个孩子拥有了广博的阅读面，良好的语文素养，他还会被一张高考语文试卷所难倒吗？此外，素质教育并非没有考试冲刺。只不过，它不是"题海战术"的滥用，而是效率的提高，是以一当十的"精题巧练"。更不要说，应试所需要的能力，包括自律、自我情绪和压力管理、一定的学科能力和记忆水平，也同样属于素质的范畴。因此，当一所学校、一个班级，真正推行素质教育，培养学生更全面的能力，那么，高质量的教学也必然会反映在高考成绩上。所谓的应试成绩，只是水到渠成。

（二）转变教学方式，形成应用意识

约翰·杜威是美国著名的实用主义哲学家、教育家和评论家，是教育哲学的奠基人。他认为，从"做中学"是儿童天然欲望的表现。教育者应该对儿童的这种天然欲望加以引导和发展。如果教育者能对活动加以选择、利用和重

视，以满足儿童的天然欲望，使儿童从那些真正有教育意义的活动中进行学习，那是非常有意义的。杜威认为，从"做中学"也就是从"活动中学"、从"经验中学"，它使得学校里知识的获得与生活过程中的活动联系了起来，儿童能从那些真正有教育意义和有兴趣的活动中学习，从而有助于儿童的成长和发展。

从生活中发现问题。教学要遵循"从生活中来，到生活中去"的规律，充分展现知识的实用性。生活中处处有知识，知识渗透在生活的每个角落。利用生活素材进行教学，让学生意识到知识的实用性，才能让学生积极主动地投入到学习中。在教学中，经常联系生活实际，寻找贴近他们的生活素材，将这些素材和教学内容有机地整合起来，引导学生体会到学习知识可以解决生活中的实际问题。

创设现实生活情境，能让学生感受知识与现实的联系，当知识的学习和学生的生活现实密切结合时，知识才是鲜活的，富有生命力的；只有源于生活的问题，才能使学生倍感亲切，才能激发学生学习和解决问题的兴趣，激发学生的思考和创造的源泉。

解决生活中的问题。体验生活，让学生理解"会应用"的价值。学生是学习的主体，在教学中要充分发挥学生的主体作用。学习数学知识就是为了解决日常生活中遇到的困难，运用数学知识解决生活问题是数学学习的归宿，教师应该注意指导学生把学到的数学知识应用到现实生活中。比如，为客厅铺设地砖，选用何种方案最合理？学生给出了多种方案，但有一种方案获得了更多的支持，理由是选用这种方案，可以全部都用整块的方砖，既美观，又不造成浪费，比较经济实惠。通过类似这样的学习，让学生感受到数学知识是解决生活和工作中问题的有力武器，同时也提高了学生解决问题的能力。

如何给学生一双慧眼去观察，读懂身边的数学尤为重要。紧扣教材，以教材与生活中密切相关的问题为素材，选择加工问题情景，提出符合学生实际能力的假设和猜想，从而引起学生的注意和思考。对于创设的问题，学生想要解决，他们对数学知识的应用和对数学的兴趣就应运而生。

二、 方法指引，实践验证

（一）课堂： 立足基础知识，扎根生活实际

学习的过程是由易到难的。基础知识是最基本的知识技能，就好比是盖房子要打地基一样，没有坚实牢固的地基，房子就没有稳定性。学生只有牢牢地把握基础知识，才能轻松地理解难点知识。如果基础知识不扎实，那难的知识也学不懂，更别说是知识的应用了。万丈高楼平地起，再怎么强调基础的重要性都不为过，不仅对于知识领域，基础知识在很多方面都发挥了举足轻重的作用。

因此，"会应用"能力的培养，首先应该立足于教材，立足于基础知识。教材是教学之本，在教学中，既要以教材为本，扎扎实实地渗透教材的重点、难点，又要将教材内容与生活实际紧密联系，让学生了解知识在生活实际中的用途，学习解决问题的知识与技能，凸显学习的实用价值。

（二）作业： 设计实践作业，提高应用能力

作业是教学活动的基本环节。作业设计应该具有趣味性、生活化、实践性。如果作业形式呆板，内容枯燥，陷入一成不变的脱离实际的无趣模式，不利于学生综合素养的提升。"生活即教育"，作业作为课堂教学的外延，也应是生活的外延。设计贴近生活的作业，让学生学会应用所学的知识解决生活中的现实问题，使其延伸与拓展，做到学以致用。学生在实践型作业中能运用知识，盘活知识，并通过实践再学习、再探索、再提高。因此，我们在设计作业时，应多与生活相联系，让学生在生活体验中感受学习的价值和乐趣。

（三）评价： 评价综合素质，撬动育人变革

中共中央、国务院印发了《深化新时代教育评价改革总体方案》。在新时代教育评价改革的形势下，学生综合素质评价必然会破除"唯分数"评价痼疾，改善学生评价机制，促进学生全面而个性化的发展，助推学校育人方式的转变。综合素质评价对学生的评价是多维度、多方面的，是对学生思想品德、学业水平、身心健康、艺术素养和社会实践等维度的综合性评定与判断。

无疑，评价内容的多维考查为学生发展奠定了坚实的基础，为学生综合应

用知识解决实际问题提供了条件，也提出了要求。当然，知识的应用，一方面体现在纸笔测试过程中如何应用所学知识解决试题描述的问题，这是对学生知识应用能力的考察。但是，真正的"会应用"应该体现在应用所学知识与技能解决生活中的实际问题。教师的教学过程也应该侧重于知识与技能在实际生活中的应用，这就需要加强学生亲身实践与体验活动，在实践活动中应用课堂中所学的知识与技能，同时也在实践活动中巩固知识与技能，使理论知识与实践经验相辅相成。

三、 行动强化，以教为学

"会应用"是较高级别的教学目标，其培养的过程需要时间的积淀。

（一） 设计实践应用作业，巩固应用能力

坚持不懈，便于习惯的养成。比如设计"每日一练"来巩固学生的学习效果。当然，这里的"练"不是指练习题，而是指应用所学知识的实践型作业。比如，语文作业，可以要求学生每天阅读一段报纸或书刊杂志中的一篇文章，撰写阅读札记；数学作业，可以让学生搭建几何模型，借此熟悉几何图形；英语作业，可以是学唱一首英文歌，读一段英文报纸等，纠正语音语调，训练口头表达能力；还有生物作业，可以是观察一种昆虫，撰写观察日记等等。这些作业，不仅是课堂所学知识的延伸与应用，同时也具有跨学科解决问题的概念。久而久之，学生在应用知识解决生活中实际问题的过程中提升了自身的综合素养。

（二） 以教为学，以思为进，教学相长

以教为学，也就是把教别人的过程作为帮助自己学习的过程。这听起来有点难理解，就好像一个人是老师，同时又是学生。不过，如果把教学这件事想象成知识从高势能向低势能转化的过程，那么老师的角色，只要是站在较高的那个小山坡上的人即可，不一定非要是珠穆朗玛峰才可以。孔子曰，三人行必有我师。意思就是一个人不可能在所有方面都不如别人，总有他略强一点的地方。那么，在这个方面，无论是学生还是老师，都可能作为老师教别人。

教师可以在教学生的过程中得到自我提升，这一点毋庸置疑。那么，我们

是不是也可以动员学生教学生呢？学生教学生，需要重新回忆自己学过的知识，因此它是一次对过去所学的温习回顾。在温习的过程中，他们对知识的记忆会更加深刻，并且能以教学过程建立一个认知场景，以后即使对知识记忆模糊，但场景会让他们想起一切。这就是为什么我们会记得很多童年回忆的原因，因为它有一个场景供参考。把知识教给他人，是教师站在自己的角度对知识产生的理解，但听者会有他自己的思考角度，当他提出自己的观点，有时会完全不一样。这种反馈，能给讲的人带来启发，帮助他们发现新的知识点，拓宽他们的知识面。

"会应用"能力的培养，更需要"学生教学生"，不仅是因为应用能力的培养需要渗透在学生学习、生活的方方面面，同时也是因为应用知识解决实际问题的过程往往需要同学间的合作。因此，要提升学生"会应用"的能力，既需要循序渐进，又需要师生、生生合作。

让学习生活与广阔而丰富的社会生活链接。通过开展各种活动，培养学生丰富的情感、价值观和品格。应用能力的培养，提高了学生认识社会、参与社会、适应社会的能力；引领学生主动学习，主动实践，主动探究，为学生开辟了一条获取知识的渠道；促进了良好习惯的养成，让学生在学习中自我体验、自我成长。

第四节　拓展学以致用的思路和视野

一、 应用能力的培养要落实到每一个教学环节中

应用能力的培养应该体现在日常教学的方方面面，尤其要落实到具体的每一节课中，甚至是每一个教学环节中。学生是带着日常经验和在其他情境中获得的先前知识、信念等走进教室的，这些经验、知识、信念等被称为"前概念"。学生的前概念有的支持新学习的发生，有的则起阻碍作用，当科学性概念与学生的前概念发生冲突时，就会给学习造成很大困难。学生有意义的学习就是将新知识与已有知识、经验建立起明确的联系，并将新知识整合进原有知识结构的过程。

同时，学生参与社会实践活动也是提升知识和技能应用能力的有效途径。如学生的职业体验活动、安全实训活动、劳动体验活动、各种场馆活动等，都是锻炼知识应用能力的有效途径，而社会实践活动的场所、资源、人员配置等都需要得到社会资源的支持。

● 课例分享

猫

教学目标：

1. 感知课文内容，学习文章细节描写和对比手法的运用。

2. 培养学生抓住重点信息，概括文章中心的能力。

3. 学会品味文章优美的语言，体会作者同情、怜爱弱小的思想感情，从中获得对自然、社会、人生的有益启示。

教学重点：

概括第三只猫的来历、外形、性情和在家中的地位，揣摩生动的细节描写。

教学难点：

体会作者悲天悯人的情怀和勇于解剖自己、善于反思的精神。

一、导入文本

师：课文的开头写到：(1) 我家养了好几次猫，结局总是失踪或死亡。作者和家人非常喜爱的两只猫病亡或者丢失，作者写到："(14) 自此，我家好久不养猫。"可是，结尾："(34) 自此，我家永不养猫。"注意"永不"——决绝坚定。这样一个爱猫的家庭最终"永不养猫"，其间发生了什么事情？

预设：第三只猫的结局是：含冤而死。

二、分析文本

师：第三只猫是一只怎样的猫？（阅读 15—16 节，完成表格第三只猫）

（很可怜）……但……

（拾了进来）……但……

仍是（一只）……。……但仍不（活泼）。

但（并没有像）……

> 这些转折连词，我们读出了什么？——同情但不喜欢，强调了猫的缺点和对这只猫的嫌弃——难看的懒猫。

师：随着芙蓉鸟事件的发生，难看的懒猫的身份发生了什么变化？——板书：可恨的罪犯，凭什么认定猫就是凶手罪犯？

(17) ……那只花白猫对于这一对黄鸟，似乎也特别注意，常常跳在桌上，对鸟笼凝望着。

(19) ……隔一会儿，它又跳上桌子对鸟笼凝望着了。（总是凝望鸟笼，为其后来被冤枉埋下伏笔）

(27) 它躺在露台板上晒太阳，态度很安详，嘴里好像还在吃着什么。（似乎证据确凿）

师：这只猫性格——懒胖，行为——总是凝望鸟笼，事发后的动作，似乎证据确凿。然而这只猫真的是罪犯吗？

(29) ……（李嫂亲见黑猫，震惊而不知所措）一只黑猫飞快地逃过露台，嘴里衔着一只黄鸟（黑猫闪现，情节陡转，冤情大白，洗刷了第三只猫的罪名），我开始觉得我是错了！

师：真相大白，然而第三只猫的结局却是怎样的？

（32）两个月后，我们的猫忽然死在邻家的屋脊上。我对于它的亡失，比以前的两只猫的亡失，更难过得多。——板书：被冤杀的生命

师：如今，真相大白。作者的想法是什么？

（29）……我开始觉得我是错了！

师：为何爱猫的作者和家人宠爱前两只猫，却唯独会冤枉这只猫？我们来看事发前后家人和"我"对它的态度：

事发前：

（18）妻道："张妈，留心猫，它会吃鸟呢。"（对芙蓉鸟和对猫的对比）

事发后：

（22）我很愤怒，叫道："一定是猫，一定是猫！"于是立刻便去找它。
（暴怒、妄下断语。反复修辞，快而短促，"！"表示语气强烈，凸显我的怒不可遏，表现出我主观臆断的盲目——认定猫是这个可恶的罪犯。）

（23）妻……"不是这猫咬死的还有谁？它常常对鸟笼望着，我早就叫张妈要小心了。张妈！你为什么不小心？"（责怪从猫迁怒到了人）

（24）张妈默默无言，不能有什么话来辩护。（无证据却也无法辩护）

（25）……大家都去找这可厌的猫，想给它以一顿惩戒。……真是"畏罪潜逃"了，我以为。（拟人，形象地将用于人的词语用于猫的身上，为后文真相大白后"我"的内疚自责作伏笔。）

（26）三妹在楼上叫道："猫在这里了。"（三妹最喜欢猫，但平时对这只猫不加注意，今天也关注，其实也是认为猫是罪犯。）

（27）……我想，它一定是在吃着这可怜的鸟的腿了，一时怒气冲天，拿起楼门旁倚着的一根木棒，追上去打了一下。……

（28）我心里还愤愤的，以为惩戒得还没有快意。

师：对照来看，第一猫是"要"来的，是"小侣"；第二只猫是怂恿去"拿"来的，是"所爱"；前两只猫活泼可爱，惹人怜爱，陪人玩耍；第三只猫则是保姆张妈"拾"来的流浪猫。

我们来看这只猫：

它伏着不去（困窘处境中求生存，对人的信任）（收养它并不是因为喜欢，

而只是对它的可怜）

它不活泼，也不像别的小猫之喜欢玩游，**好像是具着天生的忧郁性似的**（"好像"一词似暗示着，在流浪的日子里，猫已经遍尝人间冷暖悲戚，为第三只猫的性格和行为的特点作了铺垫）

<u>常来蜷伏</u>（"常"字说明频率之高，"蜷伏"这个动作表现对人的信赖，多么渴望陪伴和温暖。）

和前面两只猫相比，第三只猫相形见绌，丑陋、懒惰，大家"都不大喜欢"它，不加注意，不"感兴趣"，对它存在偏见，就连"我"也没有判断明白，就妄下判断，粗暴地挥棒惩戒。

（27）……它很悲楚地叫了一声"咪呜"，便逃到屋瓦上了。（面对无辜的生命，<u>一声"咪呜"有着无法辩解的悲楚</u>）

这只流浪猫对人的信任，就这也被人的偏私和盲目夺走了。

两个月后，我们的猫忽然死在邻家的屋脊上。（长期流浪，猝然离世，客死屋脊，可以想见其濒死时刻内心的悲苦和绝望。我夺走了猫安宁、生存的权利。）

师：就因为嫌弃猫的难看懒胖，经常盯着鸟笼看，我"妄下断语"，冤枉一条无辜的生命。是"我"的暴行，我的盲从、偏私、主观臆断，酿成了猫的悲剧。

我们再来看第（25）节：……真是"畏罪潜逃"了，我以为。（倒装句，"我以为"这三个字的倒装有什么用意？——强调了"我"的<u>自责与反省，悔恨和遗憾之深</u>，是"我"的盲从、偏私、主观臆断酿成了这场悲剧。要读得沉缓；此外，分句之间可短暂停顿，"我"为自己的暴怒之行而<u>忏悔</u>）

师问：作者难以抑制难过自责忏悔之情，反复诉说，我们读一读表达作者感情的段落。

学生朗读，个别朗读、齐读。

（30）我心里十分的难过，真的，我的良心受伤了，我没有判断明白，便妄下断语，冤枉了一只不能说话辩诉的动物。想到它的无抵抗的逃避，益使我感到我的暴怒，我的虐待，都是针，刺我的良心的针！

师：我妄下断语，它无抵抗逃避；我误解冤枉它，它不能说话辩诉。我是施

暴者，它是受虐者。"针，刺我的良心的针！"（比喻，形象生动地反映在真相大白后"我"因误解猫而引起的内疚自责程度之深）

（31）我很想补救我的过失，但它是不能说话的，我将怎样对它表白我的误解呢？

（32）两个月后，我们的猫忽然死在邻家的屋脊上。我对于它的亡失，比以前的两只猫的亡失，更难过得多（重读"更"，表现猫的含冤而亡，令"我"后悔）

（33）我永无改正我的过失的机会了！（重读"永"字，读出悔恨的深长，感叹号表达了对小猫冤死、无可弥补的忏悔。）

（34）自此，我家永不养猫。（宜读得沉缓，读出沉重反思，态度决绝，尤其要重读"永"字）

师问：这真是一只"可怜猫"，它来得可怜，活得可怜，去得更可怜。就因为嫌弃猫的难看懒胖，经常盯着鸟笼看，我"妄下断语"，冤枉一条无辜的生命。是"我"的暴行，我的盲从、偏私、主观臆断，酿成了猫的悲剧，夺走了它的清白、尊严；夺走了它对人们的信任、温情；夺走了它辩解的机会、生活的安宁、生存的权利。两个"永"字，我们读出了作者悔恨的深长，态度的决绝。对小猫冤死有无可弥补的忏悔！

三、能力提升

师：我们再回过头来看，第二只猫丢失后，作者写到："（14）自此，我家好久不养猫。"第三只猫死后，作者又写到："（34）自此，我家永不养猫。"体会这两句话中包含的思想感情有什么不同。

预设：第二只猫丢失后，失落感、亡失的痛苦，于是才有不想马上养猫的想法。

第三只猫的死，责任在"我"。"我"没有判断明白，便妄下断语，而且在暴怒之下打它致死，这个过失是无法补救的。负罪感永远不能消除，见了猫反而触发自己灵魂的伤痛，永远的愧疚，永远愧对这类生命，于是才有永不养猫的想法。作者有着强烈的痛苦、深深的自责和遗憾之情。

板书：猫：生命之美　命运之悲

　　　情：养猫之乐　失猫之悲

悟：猫之命运　人之得失

师：第三只猫的结局让人唏嘘不已，平添许多深思，作者饱含忏悔和遗憾，带着反思写下这些猫的故事。请问这故事给你什么启示？

不要主观臆断，妄下断语。

应该善待生命，关爱弱小；

我们也要学会反思，要有勇于自我剖析的精神，同情弱者，要有悲天悯人的宽厚情怀。

附：课堂观察评价标准目录

<table>
<tr><td colspan="5" align="center">《猫》课堂观察评价标准目录</td></tr>
<tr><td colspan="5">核心教学目标：　会应用。</td></tr>
<tr><td colspan="5">第一层次初步"会应用"：
学习文章细节描写和对比手法的运用。</td></tr>
<tr><td colspan="5">第二层次"会应用"：
学会品味文章优美的语言，体会作者同情、怜爱弱小的思想感情，从中获得对自然、社会、人生的有益启示。</td></tr>
<tr><td colspan="5">高层次"会应用"：
学会反思，勇于自我剖析。</td></tr>
<tr><td>观察维度</td><td>观察视角</td><td colspan="2">观察点</td><td>总体评价</td></tr>
<tr><td rowspan="6">学生学习</td><td>准备</td><td colspan="2">学生课前准备了什么（学习用品/精神状态）？有多少学生做了准备？</td><td></td></tr>
<tr><td>倾听</td><td colspan="2">有多少学生倾听老师讲课？（百分比）有哪些辅助行为（记笔记/查阅/回应）？</td><td></td></tr>
<tr><td rowspan="2">互动</td><td colspan="2">有哪些互动行为？学生的互动能为目标达成提供帮助吗？</td><td></td></tr>
<tr><td colspan="2">学生的互动习惯怎么样？出现了怎样的情感行为（主动/被动）？</td><td></td></tr>
<tr><td>自主</td><td colspan="2">学生自主学习的时间有多长？选取的形式是（阅读/练习/思考/探究）？</td><td></td></tr>
</table>

观察维度	观察视角	观察点	总体评价
教师教学	呈式	教师在课堂中的行为（讲解/走动/指导等）是否规范？是否有利于教学？	
		板书、媒体是怎样呈现的？是否为学生学习提供了帮助？是否适当？	
课程性质	目标	学习目标的表达是否规范？目标是根据什么（课程标准/学生/教材/纲要）预设的？是否符合该班学生？	
	内容	课堂中生成了哪些内容？怎样处理？	
课堂文化	民主	师生行为（情境设置/叫答机会/座位安排）如何？学生间的关系如何？	

（本课例作者：李浪浪）

二、 应用需要建立在对基础知识掌握的基础上

面向未来的学习，学生必须获得对概念更深层次的理解。有研究表明，与以识记、复述知识等为特征的浅层学习不同，深度学习是学生想要去理解以及从学习内容中提取意义。理解，不仅仅是单纯字面意思上的知道、了解、明白，它更强调一种深层次的思考，即解释、思辨、推理、验证、应用等更有难度、更加复杂和更具综合性的学习结果。但深层次的思考应建立在浅层次学习获得的经验之上。需要学生能够将这些已经理解的知识应用于生活，即理解是学生灵活地运用所知进行思考和行动的能力。

应用应建立在深层次概念理解的基础上，深层次概念理解意味着学生拥有的知识是围绕着该学科的核心概念、主题及问题组织起来的，从多个角度对其加以表征的，并能在真实、复杂情境中应用的知识。只有学生知道在什么样的情境中应用这些知识，知道在面对新的、真实世界的情境时如何调适、修正这些知识，使他们能够解释信息、解决问题、建立与其他概念和学科及真实世界情境的关联。

用数轴上的点表示实数

一、教学目标:

1. 学习将无理数用数轴上的点表示,理解实数与数轴上的点的对应关系。

2. 会求无理数的绝对值、相反数,会对实数进行大小比较。

3. 经历探索同一数轴上两点的距离的过程,感受数形结合思想,获得成功体验,激发学习兴趣。

二、教学重点与难点:

1. 理解数轴为实数轴,并掌握实数的大小比较方法,理解实数的绝对值、相反数的意义。

2. 探索同一数轴上两点的距离。

三、教学过程:

(一)引入

1. 在数轴上分别标出有理数 3、－5、5/2、4.8、－10/3 所对应的点 A、B、C、D、E。

2. 体会数轴的优势:直观、有序。

3. 那么,无理数能在数轴上的点表示出来吗?

(二)新授

1. 通过事例说明数轴为实数轴

通过两个例子说明数轴上存在无理数对应的点。

问题 1:无理数可以在数轴上表示出来吗?

(1)在数轴上表示 $\sqrt{2}$ (制作一个面积为 2 的正方形 $ABCD$)。

(2)在数轴上表示 π (制作一个直径为 1 的圆)。

在黑板上事先画好数轴,将做好的正方形和圆在数轴上滚动演示。

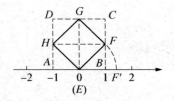 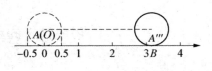

小结：

(1) 说明数轴上存在无理数对应的点，数轴为实数轴。

(2) 实数与数轴上的点一一对应。

问题2：怎样将任一个无理数在数轴上表示出来呢？

例如：在数轴上表示$\sqrt[3]{4}$：$\sqrt[3]{4}\approx 1.5874011$

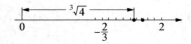

步骤：

(1) 用计算器计算；

(2) 取近似值（通常精确到十分位），即设一个无理数 t 在数轴上所对应的点为 T，可以利用与 t 接近的一个有理数所对应的点，对 T′大致定位。

2. 用实数轴解释实数的性质

类比有理数：

有理数范围内已有的绝对值、相反数等概念和大小比较方法，在实数范围内有相同的意义。

(1) 一个实数在数轴上所对应的点到原点的距离叫作这个数的绝对值。

(2) 绝对值相等，符号相反的两个数叫作互为相反数。

(3) $|a| = \begin{cases} a & a > 0 \\ 0 & a = 0 \\ -a & a < 0 \end{cases}$

(4) 实数的大小比较方法：

➤ 负数小于零；

➤ 零小于正数；

➤ 两个正数，绝对值大的数较大；

➤ 两个负数，绝对值大的数较小。

➤ 从数轴上看，右边的数总比左边的数大。

（三）练习

1. 比较实数的大小

例题 1. 比较下列每组数的大小：

(1) $\sqrt{5}$ 与 $-\sqrt{6}$；　　(2) $\sqrt{5}$ 与 $\sqrt{6}$；

(3) $-\sqrt{5}$ 与 $-\sqrt{6}$；　　(4) π 与 $|-\sqrt{10}|$；

［说明］

a. 在第 2 小题中，是用计算器求近似值，用比较近似值的方法完成大小比较。也可介绍面积法：面积越大的正方形的边长越长，将 $\sqrt{5}$、$\sqrt{6}$ 分别看成面积为 5、6 的正方形的边长，然后比较大小。

b. 在第四小题中，取 $\pi < 3.15$，$3.15 < |-\sqrt{10}|$，得到 $\pi < |-\sqrt{10}|$，这里利用"中间量"来比较大小，介绍了一种用估值的方法比较大小。

练习：书 P21/2

2. 借用数轴求两点的距离

例题 2. 如图，已知数轴上的四点 A、B、C、D 所对应的实数依次是 $\sqrt{2}$、$-\dfrac{2}{3}$、$2\dfrac{1}{2}$、$-\sqrt{5}$，O 为原点，求（1）线段 OA、OB、OC、OD 的长度；

（2）求线段 BC 的长度。

3. 归纳：在数轴上，如果点 A、点 B 所对应的数分别为 a、b，那么 A、B 两点的距离 $AB = |a - b|$。

练习：书 P21/2

（四）拓展

1. 在数轴上，如果点 A 表示 $\sqrt{3}$，点 B 表示 $-\sqrt{2}$，那么表示 $-10/7$ 的点 C 在（　　）

    A. 线段 OA 上　　　　　　　B. 线段 OB 上

    C. 线段 AB 的延长线上　　　D. 线段 BA 的延长线上

2. 在数轴上，与原点的距离为 $\sqrt{3}$ 的点所表示的数是_____。

3. 如果 $|x|=\sqrt{5}$，那么 $x=$_____。

4. 如果 $y^2=(-\sqrt{5})^2$，那么 $y=$_____。

5. 在数轴上，点 O 为原点，点 A 和点 B 表示的数分别是 a、b。已知 $OA>OB$，比较 a 和 b 的大小，并求线段 AB 的长。

（五）小结

1. 请学生来谈一谈收获、体会、困惑等。

2. 教师小结

（1）数轴为实数轴，实数与数轴上的点一一对应。

（2）实数与有理数类比，同样有相反数、绝对值，并能进行大小比较。

（3）通过将实数在数轴上标示出来，研究同一数轴上两点的距离，感受数形结合的思想。

（六）布置作业

    附：课堂观察评价标准目录

《12.5 用数轴上的点表示实数》课堂观察评价标准目录
核心教学目标：会应用。
第一层次初步"会应用"： 经历在数轴上找出点表示对应实数的过程，感受一个无理数也可以用数轴上的点来表示，感悟有理数的大小顺序规定可以拓展。
第二层次"会应用"： 会比较实数的大小。
高层次"会应用"： 理解实数绝对值的代数和几何意义，能将数轴上两个点之间的距离用这两个点所对应的数的绝对值来表示。

观察维度	观察视角	观察点	总体评价
学生学习	准备	学生课前准备了什么（学习用品/精神状态）？有多少学生做了准备？	
	倾听	有多少学生倾听老师讲课？（百分比）有哪些辅助行为（记笔记/查阅/回应）？	
	互动	有哪些互动行为？学生的互动能为目标达成提供帮助吗？	
		学生的互动习惯怎么样？出现了怎样的情感行为（主动/被动）？	
	自主	学生自主学习的时间有多长？选取的形式是（阅读/练习/思考/探究）？	
教师教学	呈式	教师在课堂中的行为（讲解/走动/指导等）是否规范？是否有利于教学？	
		板书、媒体是怎样呈现的？是否为学生学习提供了帮助？是否适当？	
课程性质	目标	学习目标的表达是否规范？目标是根据什么（课程标准/学生/教材/纲要）预设的？是否符合该班学生？	
	内容	课堂中生成了哪些内容？怎样处理？	
课堂文化	民主	师生行为（情境设置/叫答机会/座位安排）如何？学生间的关系如何？	

（本课例作者：薛　赟）

三、 应用能力的培养需要循序渐进

应用能力的培养需要循序渐进，教师应在熟悉学生年龄特点和心理特点的基础上，找出学生与课标要求之间的差距和不足，明确各阶段的教学目标，在充分考虑共性特征和个体差异的前提下，制定出可操作的符合学生实际能力的进展计划。各种技能和方法从学习、生成到掌握，需要的时间各不相同，提问、猜测和交流等技能的培养可能需要的时间短一些，观察、倾听、表达、实验等技能的培养可能需要的时间长一些。

当学生对某种技能和方法掌握以后，教师要鼓励学生将知识应用到解决实际问题的过程中，并有意识地在活动中给学生提供更多的自由，向学生提供更广阔的空间，促进个性化发展。学生学习遵循的规律是从不知到知，从知之不多到知之甚多，从学会知识到会学知识和会用知识，再把知识转化为能力。根据这个规律，我们可以恰当地确定阶段目标，先以在教师指导下练习技能和方法为主，再尝试把所学技能整合在一起，在教师指导下进行简单的应用活动，最后可以独立、自觉地、融会贯通地应用知识解决实际问题。

（本课例作者：王蓉蓉）

第五章

会合作：学生最有效的学习方式

　　合作是当代学生必备的素养之一。培养学生的合作意识、合作精神与合作能力，是时代发展的要求。通过合作学习，可以改善师生之间、生生之间的关系，培养学生的合作意识和社会交往能力，培养规范意识、任务意识、合作意识、责任感及合群、利他等社交品质和技能。

第一节　合作是学习者的必备能力

一、合作的价值

德国著名哲学家叔本华曾经说过，单个人是软弱无力的，就像漂流的鲁滨逊一样，只有同别人在一起，他才能完成许多事业。

德国著名作家歌德也曾经这样描述合作的意义："不管努力的目标是什么，不管他干什么，单枪匹马总是没有力量的。合群永远是一切善良思想的人的最高需要。"

中国俗语"人心齐，泰山移""独脚难行，孤掌难鸣""水涨船高，柴多火旺""三个臭皮匠，赛过诸葛亮""一块砖头砌不成墙，一根木头盖不成房""一个篱笆三个桩，一个好汉三个帮"也表达了合作的重要性。

"待人要友善，与人交往要真诚，要善于学习他人的长处，要懂得包容他人的过错……"我们自小接受的教育，似乎都在强调我们该如何与人相处，如何与人合作。人，生活在社会中，处在不同的人际关系内，小到与人交朋友，大到国际交流，都离不开"合作"二字，合作能汇聚众人的智慧与力量，获得更高的成就。

合作学习作为一种学习方法，其本身不具有价值，只有当教师和学生利用这种方法达成某种教学目标时才能构成价值。通过合作学习，师生可以更为客观、准确地理解知识和运用知识，促进学生认知性发展；通过合作学习，可以改善师生之间、生生之间的关系，培养学生的合作意识和社会交往能力，培养规范意识、任务意识、合作意识、责任感及合群、利他等社交品质和技能。师生之间、生生之间的合作在促进学生对知识准确认识的同时，还能提升学生处理人与人之间关系的意识和能力，使二者在合作过程与结果之中达成统一。合作学习的终极价值在学生知识获得与社会角色意识形成的关系之中得以实现。

合作学习是事半功倍的事，授之以鱼不如授之以渔。教学，最重要的是教给学生学习的方法，让学生通过合理运用这些方法，达到终身学习的目的，这才是学习的最佳状态。合作学习可以给学生沟通的空间，营造合作、互助的关系，让他们在合作的过程中相互学习、相互包容，建立集体观念和重视小组荣誉。

二、 合作的含义

"合作"一词，现代汉语词典的解释是互相配合做某事或共同完成某项任务。

360百科中这样定义的： 合作就是个人与个人、群体与群体之间为达到共同目的，彼此相互配合的一种联合行动、方式。

百度百科中提到： 合作，指共同创作；共同从事；二人或多人一起工作以达到共同目的；联合作战或操作。语出《国语·晋语三》："杀之利。逐之，恐构诸侯；以归，则国家多愿；复之，则君臣合作，恐为君忧。不若杀之。"

简而言之，合作是人们为了达到某一共同目标而相互配合、相互协作进行的一种活动。合作能集聚力量、启发思维、开阔视野、激发创作性，并能培养同情心、利他心和奉献精神。精诚合作会使我们感受到成功的愉悦，互助互惠能让我们取得更大的胜利。合作的结果不仅有利于自身，也有利于对方。

三、 合作的学科内涵

合作学习在20世纪70年代初兴起于美国，并在70年代中期至80年代中期取得实质性进展，是一种富有创意和实效的教学理论与策略。由于它在改善课堂内的教学心理气氛，大面积提高学生的学业成绩，促进学生形成良好非认知品质等方面实效显著，很快引起了世界各国的关注，并成为当代主流教学理论与策略之一，被人们誉为"近十几年来最重要和最成功的教学改革"。自20世纪80年代末90年代初开始，我国也出现了合作学习的研究与实验，并取得了较好的效果。

"会合作"是当代学生必备的素养之一。培养学生的合作意识、合作精神与合作能力，符合时代发展的要求。

《语文课程标准》把合作学习作为一条重要的理念提出来，认为在语文学习中，"要积极倡导自主、合作、探究的学习方式"。语文教学向来重视听、说、读、写的训练，小组合作学习模式的运用，为这四种技能的训练搭建了平台，让师生、生生之间有足够的交流和实践机会，大大提高了语文教学的效率和效果。

《数学课程标准》指出："学生是数学学习的主人，教师是数学学习的组织者、引导者和合作者。"小组合作学习的运用，真正体现了学生的主体地位，转换了教师的角色定位，使数学课堂教学中普遍存在忽视知识的发生过程，忽视情感教学目标，忽视学生主体地位的现象得以改善，让学生在合作互动的氛围中积极思考，互相启发，从而获得创新精神的培养和创造性思维的发展。

《英语课程标准》的基本理念之一是英语教育应做到人文性与工具性并重，使学生在英语学习过程中既能够发展综合语言运用能力，又能够学会如何学习，养成良好的意志品质和合作意识，学会如何处理人与人、人与社会、人与自然的基本关系，形成创新意识，发展科学精神，从而全面提高综合素质。英语教学提倡"体验、实践、参与、合作与交流的学习方式"。小组合作学习的方式符合《课标》要求。

综上所述，以上所提及的三门学科《课程标准》都不约而同地强调了合作学习的重要性，虽然各学科的学习内容不同，但都提倡合作学习这种学习方式，原因不外乎以下几点：从学生角度分析，初中阶段的学生，对知识和生活现象具有强烈的好奇心，但注意力比较容易分散。小组合作学习的模式，既能充分调动学生的积极性与专注度，又能激发学生的想象力和创造性，还能促进小组成员间的优势互补，实现共同进步。更重要的是通过合作学习这种方式能培养学生的合作意识和合作能力。从教师角度分析，合作学习打破了教师固有的思维模式和教学方式，使教师的教变得开放、灵活，把课堂还给学生，使学生在轻松的课堂氛围中主动学习，也为每一位学生提供了一个公平展示自我的可能。

但合作学习如果组织不合理，很容易进入另一种误区，比如形似"合作"，其实是少数同学唱独角戏，多数学生变"听老师讲"为"听同学讲"，并未真正发挥合作的优势。诸如此类的问题如果不加以改进，合作学习形同虚设。因此，教师要在教学实践中逐渐教给学生合作的方法，让学生"会合作"，才能真正发挥合作学习的效果。

第二节 不一样学科合作内涵不同

那么在不同的学科教学中，学生的哪些行为是"会合作"的表现？具体要达到的目标是什么？怎样评价目标的达成度？以下以语文、数学、英语三门学科为例，分别列表说明各学科"会合作"的评价指标及评价描述。

表 5-1 语数英学科中"会合作"的评价指标及描述

学科	评价指标	指标描述
语文	△懂得分享与倾听	能认真倾听同伴的观点和建议；能主动分享自己的疑问、观点和成果
	△承担责任与任务	在语文学习活动中能主动承担相应的任务分工，面对困难能肩负起自己的责任
	△开展评价与互助	能客观地自评和互评，耐心指导学习困难的同伴
	★学会尊重与欣赏	服从团队安排，信赖同伴，能发现每一位团队成员身上的亮点
	★凝聚智慧与精神	享受团队合作的过程，感悟奉献团队的快乐，乐于分享合作的成果
数学	△懂得分享与倾听	能认真倾听同伴的观点和建议；能主动分享自己的成果、疑问和观点
	△承担责任与任务	主动承担相应的任务分工，面对困难能肩负起自己的责任
	△开展评价与互助	能客观地自评和互评，耐心指导学习困难的同伴
	★学会尊重与欣赏	服从团队安排，信赖同伴，能发现每一位团队成员身上的亮点
	★凝聚智慧与精神	享受团队合作的过程，感悟奉献团队的快乐，乐于分享合作的成果
英语	△懂得分享与倾听	能认真倾听同伴的观点和建议；能主动分享自己的成果、疑问和观点
	△承担责任与任务	主动承担相应的任务分工，面对困难能肩负起自己的责任

学科	评价指标	指标描述
	△开展评价与互助	能客观地自评和互评，耐心指导学习困难的同伴
	★学会尊重与欣赏	服从团队安排，信赖同伴，能发现每一位团队成员身上的亮点
	★凝聚智慧与精神	享受团队合作的过程，感悟奉献团队的快乐，乐于分享合作的成果

（以上评价指标中，△为基础性指标，★为发展性指标。）

"会合作"的评价指标主要是体现在能力目标和情感目标方面。懂得分享与倾听是合作学习的基础，通过分享与倾听能有效实现合作团体成员间的沟通与信息共享。小组成员能否主动承担任务，面对困难能否肩负起自己的责任是合作学习是否得以实现的关键。合理的激励评价是提高小组合作学习效果的重要途径，通过小组成员的自评和互评，促进小组成员之间更好地合作与交流。合作学习更高层次的指标是学会尊重与欣赏同伴，能享受团队合作的过程，乐于分享合作的成果等。

第三节　合作素养的修炼与养成

虽然全面放开二孩政策实施至今已有五个年头，但目前在校的初中学生仍然多数是独生子女，而且他们的父母多数也是独生子女。不少孩子在父母、祖父母的溺爱中长大，养成了自私自利、目中无人的性格。也有相当一部分学生在考试压力及唯分数论等观念的影响下，认为竞争与合作是水火不容的关系。曾经听到过这样的报导，孩子在学校参与合作学习，老师给合作小组进行整体评价，优等生的家长觉得这样做是不公平的，觉得自己的孩子比较优秀，而不太优秀的孩子也得到了同样的评价，自家孩子被沾了光。可见，无论是家长还是学生，对合作的理解存在一定的误区。因此，要学生"会合作"，首先应该让学生从意识上认同合作学习的优越性。

一、　培养合作意识

合作意识是指合作小组成员对共同行动及其行为规则的认知与情感，是合作行为产生的基本前提和重要基础。简单来说，就是学生是否认同合作学习这种方式，是否乐意参与合作学习的过程，是否愿意遵守合作学习的各种规则。合作意识的培养需要通过参与活动，通过人与人交往的过程，通过共同完成任务，经历各种结果，以及成果的分享和责任的共同承担。

（一）　关注目标引领下真实问题的解决

首先，共同的目标是产生合作意识的基础。比如在拔河比赛中，参赛选手在赢得比赛的目标驱动下，劲往一处使，齐心协力才能赢得胜利。学生进行合作学习，首先要明确本节课的学习目标、每个小组的学习目标、每个小组中每类层次学生的学习目标。目标明确，学生才知道需要做什么。其次，如果学习的内容来源于生活中的真实问题，合作学习是为了解决这个问题，那么学习就是一件有意义的事。在这个具体目标的驱使下，学生自然会齐心协力解决问题，那么合作的意识就形成了。

（二） 用"获得感"托起"成就感"

学生的获得感来自于他们能感受到的实实在在的成果，如成绩的提升以及教师和同学的赞赏。学生期盼什么，教师就创造机会满足他们的愿望。通过合作学习，学生有更多的机会表达自我，个人的表达能力、思考能力能得到提升。通过团队合作获得的学习成果往往比个人单打独斗获得的成果更丰富。于是，学生能得到更多的获得感，他们的精神需要得到满足。学生有"获得感"，他们才会毫无保留地把聪明才智、创造潜能发挥出来。而获得感是产生成就感的阶梯，学生在学习中的获得感越多，越能产生成就感。学生在合作学习中产生的成就感又使他们更乐意参与合作学习。

（三） 站在山头看问题，掌控全局

学生是合作学习的主体，教师是合作学习的组织者和指导者，教师应该对学生的小组学习进行全盘掌控。这种掌控应该从日常的点滴做起，如教师平常可以跟学生讨论，让学生尝试着统筹，通过给不同的人分配不同的任务，实现全组人的合作。当学生积累了一定的经验，他们就会有角色分配意识，理解合作的价值和意义，尝到合作的乐趣。在合作学习的过程中，难免会遇到小组成员间意见不统一的情况，当同伴提出不同的建议及想法时，能否理性接受是合作能否进行下去的关键。现实中很多学生听不得不同的意见，不能接受安排和想法的改变，表现得比较刻板，难以协商。教师在日常的教育教学工作中，如果碰到需要协商的问题，都可以让学生共同参与，协调的过程就是学生学习合作的过程。长此以往，合作意识自然就形成了。

二、 锻炼合作能力

（一） 组建科学的学习小组

合作学习要求学习小组成员共享目标和资源，共同参与任务，直接交流，相互促进。俗话说，尺有所短，寸有所长，没有一个学生是全才，同样也没有一个学生一无所长。小组成员间优势互补是达成合作意向的强烈需要。想要快速达成目标，只有进行优势互补，小组成员如果能意识到这一点，他们的合作意向会比较强。教师在合作学习中要引导学生能够正确认识自己的长处和不足，同时也要能看到他人的长处，以人之长，补己之短。在具体的小组学习合作中，擅长书写的就多书写，擅长朗诵的就多朗诵，擅长绘画的就多绘画，小组内成员各自发挥所长，合作学习就能产生最佳效果，学生的自信心、成就感也会得到提升。

（二）建立良好的合作关系

合作学习包括师生合作、生生合作，其中师生合作是主要的，合作学习的教育活动中教师与学生的关系，将直接影响着合作学习的效率，因为师生关系是教育主体关系的核心。中国历史两千多年的封建社会中，对教育的表述是"上所施，下所效也"，意思是在师生关系中，教师是发布命令的，学生是服从命令的。教师的教育不是开导启发、循循善诱，而是一种"绝对命令"，是不可逾越的金科玉律；学生的学习不是对知识的主动探索，而是对教师、对书本知识的盲目服从和接受。教师讲学生听，教师说学生做，师生关系走向绝对化的授课关系。而合作学习从根本上改变了这种师生关系。合作学习，主要是师生关系的合作模式，这种模式依靠师生双方主动积极的配合和协作来调适。这个模式的两个基本概念，就是"尊重"与"合作"。学生是学习的主体，教师则是指导者、辅导者，师生互相尊重，相互配合，教学相长。

建立良好的生生合作关系，重要的一点是相互理解、沟通，并且要有一颗宽容的心，有谦让的态度，学会理解和谅解别人，学会换位思考。这对于学生来说是一种不小的挑战。教师可以在合作小组的组建、小组成员的构成方面动脑筋，充分发挥优秀学生的"领头羊"作用，建立小组成员间相互信任的关系，做好相应的协调工作。更重要的是通过家校合作，在日常生活及教育教学活动中帮助学生逐步提升社会交往能力，养成善于沟通、理解他人、宽容及谦让的态度。

（三）选择有效的合作时机

精心选择内容、准确把握时机是合作学习有效开展的前提保证。

一般说来，以下情况是开展合作学习的良好契机：

遇到开放式问题情境时，即同一现象有多种解释，同一问题有多种解法的问题情境。合作学习可以拓展思维广度，延伸思维深度，找到问题解决的多重途径，达成殊途同归的效果。

归纳总结时，即从众多具体例子和材料中归纳总结规律、提炼本质的问题。此时合作讨论，比较鉴别，去伪存真，有利于迅速抓住问题的本质或规律，提高思维的深刻性。

当学生在学习中碰到似曾相识，但又无从下手，不能立即解答的问题时，既有解决问题的欲望，又希望从别人的发言中得到启发和验证，渴望交流，这时开展合作学习，效果自然不差。

学习任务重，个人无法完成时，如实验操作、剧情表演、研究性学习都需要多人分工合作才能完成。

学生在分析和解决问题的过程中，出现较大的意见分歧时，是学生参与合作学习的最佳时机。在合作过程中，有了思想的交锋、智慧的碰撞，思维的积极性、主动性、敏捷性，以及语言表达的完整性和准确性都将得到很大提高。

第四节　倾力引导走向高效的合作

　　教师在教育教学过程中，应该抓住时机，创设合作氛围，为学生开展合作学习创造机会，提供支持，使学生逐渐形成合作意识，学会合作方法，提升合作能力。

一、精心筹划培养合作能力

　　合作学习的目的是让学生人人参与学习的全过程，人人品尝成功的喜悦，学得主动积极、生动活泼，各得其所。因此教师首先要培养学生勤于动脑，认真思考，踊跃发言等良好习惯，让学生真正参与学习活动，主动探索新知的形成过程，并能把自己探究的过程和结果用语言表述出来，这样既能发现采用不同策略解决问题的方式，又为学有困难的学生提供帮助，培养学生合作的能力。在学生合作学习中教师事先要精心筹划设计好教学方案，所设计的方案，要有利于促进学生思考，主动探究知识，有利于集体探讨，进行合作学习。

● **课例分享**

初中散文教学与学生"会合作"素养的培养
——以《老王》为例的课例分析

一、主题与背景

　　从学校层面来看，"指向学生创新素养的和韵课堂价值体系的构建与评价"是我校近年来所开展的一项研究，旨在探索课堂文化转型，提升办学品质。在以往的课堂中，往往存在这样的问题：教师教学以传统讲授模式为主，探究式、合作学习模式少，课堂品质不高。学生按部就班，高阶思维能力弱，缺乏主动探究精神。基于这样的现状，在本学期的研究中，我们重点推进了学生"会合作"能力培养的实践研究。为了改善学生合作学习中出现的种种问题，有效提升学生"会合作"的素养，我校在实践的过程中努力通过"教师的教"促进"学生的学"，并以语文学科为试点，开展了一系列基于"会合作"的实践研究。

在研究中，我们对于"会合作"有如下的二级指标表述：

会合作	懂得分享与倾听	能认真倾听同伴的观点和建议，能主动分享自己的成果、疑问和观点
	承担责任与任务	主动承担相应的任务分工，面对困难能肩负起自己的责任
	开展评价与互助	能客观地自评和互评，虚心接受同伴的建议，耐心指导学习困难的同伴
	学会尊重与欣赏	服从团队安排，信赖同伴，能发现每一位团队成员身上的闪光点
	凝聚智慧与精神	享受团队合作的过程，感悟奉献团队的快乐，乐于分享合作的成果

从学科的角度来看，在初中阶段的语文教材中，散文是一种常见的文学作品体裁，是个人感受的独特表达。它篇幅短小、取材广泛、结构灵活、表达自由，被人称为具有强烈感情的"文学小精灵"。由于散文是一种从内容到形式都非常自由灵活的文体，因此，散文显得丰富多样。对于一些主题并非一目了然的、具有探究价值的作品，需要给学生提供思考与探讨的时间与平台，从而广泛地激发学生的思维，让学生在自己的学习经历中逐步体验阅读散文的方法。

《九年制义务教育课程标准》对7—9年级的阅读提出了12项标准，其中有两项为"对课文的内容和表达有自己的心得，能提出自己的看法，并能运用合作的方式，共同探讨、分析、解决疑难问题"。"欣赏文学作品，能有自己的情感体验，初步领悟作品的内涵，从中获得对自然、社会、人生的有益启示。对作品的思想感情倾向，能联系文化背景作出自己的评价；对作品中感人的情境和形象，能说出自己的体验；品味作品中富于表现力的语言。"而散文阅读作为初中语文不可或缺的一个部分，在这两项标准的达成上对学生提出了一定的要求。

为了让学生在初中散文教学中更好地领会文章表达的思想、观点、结构之逻辑性和文字之美，教师经常会采用指导学生开展小组合作学习的模式，通过同伴之间的互助与思维碰撞，从而达到教学目标。但是，缺乏科学性的合作学习往往流为一种形式，对于促进学生的思维能力、培养学生的合作意识并无裨益。课堂上常常会看到类似的情况，小组讨论没有始终围绕教师的提问展开，学生在讨论中不知道自己应该说什么，做什么，彼此之间的发言互动仅仅停留在浅层便停滞不前，学生仅仅是在进行简单的表达，而非进行深层次地互动思考，因而对问题的突破没有起到积极的作用。久而久之，学生对参与小组讨论的热情不再高涨，小组讨论不能给学生带来成功的喜悦，渐渐沦为一种鸡肋的为讨论而讨论。

《九年制义务教育课程标准》还对7—9年级的学生提出了6项口语交际的标准，其中有一项为："讨论问题，能积极发表自己的看法，有中心、有根据、有条理。能听出讨论的焦点，并能有针对性地发表意见。"基于这一点，科学、有效、适切地开展合作学习，是非常必要的一项能力的培养。

基于以上因素，研究怎样有效引导学生在合作中相互促进，并在合作中学习阅读散文的方法，是非常值得探讨与实践的。

二、设计与实践

随着部编版教材的推广，许多新的篇目被纳入初中学习的范畴，《老王》就是其中之一。如何贯彻新课改的理念，改进以往的课堂教学文化，推进单元学习要求在课堂教学中的落实，是每一个语文老师都要思考并实践的重要话题。从教材分析的角度来看，《老王》是杨绛所写的一篇回忆性散文，是一篇关注社会底层小人物生活状态的文章。作者用平淡质朴的语言为我们介绍了老王的身世，作者与老王交往的几个片段，以及老王死后作者的愧怍之情，集中塑造了老王这一人物形象，同时让读者感受了老王和杨绛的精神品格。这篇文章过去被收录在沪教版语文教材高一年级下册第一单元"平民意识"中，现在收录在部编版语文教材七年级下册第三单元，是一篇讲读课文。从学情的角度来看，学生在把握作者所表达的感情上有困难，尤其对课文的最后一句话："那是一个幸运的人对一个不幸者的愧怍"，学生理解普遍上存在一定的困难。而恰恰是文章结尾的这句话，深刻地反映了作者的精神品格，非常值得细细玩味。根据部编版教材的编写意图，在这个单元注重培养的学生能力中，有一条为"引导学生从开头、结尾、文中的反复及特别之处发现关键语句，感受文章的意蕴"。基于对教材以及学情的把握，将《老王》一文作为新课改背景下的一种教学尝试，作为基于"会合作"为核心素养的散文教学课例进行探索与研究，是适切的、科学的、有效的。

根据对教材、学情的分析，我将教学目标确定为以下两点：1. 感受老王身上闪耀的人性之美，理解作者所表达的"愧怍"之情，体会作者的自省精神。2. 品味作品平淡质朴而又饱含深情的语言。

如何培养学生"会合作"的能力，如何有效利用合作学习推进散文教学课堂教学重点、难点的突破并提升课堂教学效率，达成课堂教学目标，对这一系列的问题的探索与思考贯穿了每一次的课堂设计与实践。

※第一次课堂实践

教学设计

环节一：梳理文脉，感知老王的人物形象

1. 小组合作，阅读文章的1—4小节，思考：文中的老王给你怎样的形象？

2. 小结学法，小组合作，完成下列表格。

小节	人物形象	主要内容
1—4	老王是个<u>不幸</u>的人。	孤苦寒微的生活状态
5—7	老王既是个_____的人，又是个_____的人。	1. 送冰　2. _____
8—22	老王是个_____的人。	_____

环节二：小组合作，咬文嚼字，感知杨绛的人物形象

1. 细读文章中"老王来送香油鸡蛋"的段落，思考：老王为何临终前要特意来"我"家送香油和鸡蛋？"我"又为何执意要给他钱？

2. 细读文章结尾句，思考"我"之所以愧怍的原因。

为了组织学生有效开展合作学习，我设计了如下学习任务单，旨在引导学生在合作的过程中有话可讲，并能通过小组讨论形成较为成熟、有理有据的讨论结果。

表 1

《老王》学习任务单

一、 课前预习

1. 请给下列加点的字注音。

伛（　　）身　　攥（　　）着　　塌（　　）败　　翳（　　）

取缔（　　）　　骷髅（　　）　　滞（　　）笨　　愧怍（　　）

2. 请根据文章内容，填写下列表格。

姓　　名		性　　别		职　　业	
身体状况					
家庭情况					
居住条件					

3. 读完文章后，你有什么疑问吗？

二、 课堂活动

1. 完成表格

小节	人物形象	主要内容
1—4	老王是个<u>不幸</u>的人。	孤苦寒微的生活状态
5—7	老王既是个_____的人，又是个_____的人。	1. 送冰　2. _____
8—22	老王是个_____的人。	_____

2. 联系文章，思考： 为什么作者说自己是一个"幸运的人"？

3. "我"为何对老王感到愧怍？

课堂教学片段

师：老王的不幸体现在哪里，谁来说说看？

生："据老王自己讲：北京解放后，蹬三轮的都组织起来，那时候他'脑袋慢'，'没绕过来'，'晚了一步'，就'进不去了'，他感叹自己'人老了，没用了'。老王常有失群落伍的惶恐，因为他是单干户。他靠着活命的只是一辆破旧的三轮车。"

师：你读了文章中的几句话，可不可以自己概括一下？

生：老王是一个拉三轮车的单干户。

师：嗯，老王的生计很艰难，又没有组织。

生："有哥哥，死了，有两个侄儿，没出息，此外就没什么亲人了。"

师：你能把这句话表达的意思用自己的话概括一下吗？

生：老王身世很惨，没什么亲人能帮助他。

师：哦，老王几乎无亲无故，那老师把句子改一下，你把改过的句子也来读一下。

生："有个死了的哥哥，有两个没出息的侄儿，此外就没什么亲人了。"

师：你觉得哪一句的表达效果更好一点呢？

生：原文好一点吧。

师：为什么呢？

（生沉默）

师：原文把"死了"和"没出息"单独成一个分句，给你什么样的感觉？

生：强调。

师：原文更强调这两个词，从而突出老王的孤苦伶仃，无依无靠。大家看，是不是看似不经意间的一句表述就把人物非常重要的特征体现出来了呢？

课后反思

1. 学习任务单没有得到合理有效的使用，学生在表述自我观点的时候，往往只是照着原文读句子，没有提炼出自己的想法。课堂整体上还是以老师一步步的循循善诱为主导，学生被动跟着老师的节奏一点点地深入文本，而非以自主、合作的形式去解决问题，学生在合作后所呈现的结果仍然是零碎的，缺乏概括的。

2. 学生在小组合作中没有始终围绕着核心问题展开讨论，出现偏离话题的情况，小组的合作意识与荣誉感不强烈。而一些学习基础比较差的学生，参与意识不强，合作精神欠佳，因此往往会看到成绩好的学生侃侃而谈，其他人仅仅是在倾听。

3. 教师提出的问题缺乏必要的梯度，没有帮助学生找到突破口，逐层深入，解决问题。有时讨论遇到了一些困难，学生往往不知如何深入，就停留在较为浅易的层面不再有所突破。小组成员之间彼此的互动不够热烈、踊跃，组长的作用在整个合作过程中体现得不够充分。

※第二次课堂实践

教学设计

为了提升学生合作学习的参与度，更好地落实教学目标，我设计从文章的结尾句为切入点，逐层理解"不幸者""幸运的人""愧怍"等关键字词在文章中的具体指向，从而引导学生理解作者所想表达的情感。

第一，老王的不幸比较好理解，通过对文章开头几个小节的梳理便能把握。因此，我设计了师生共读的环节，在教师的朗读与学生的点评中引导学生品味语言，从而更深入地感知一个物质上饱受贫寒之苦，精神上饱尝孤独之痛的人力车夫形象。

第二，如何理解"幸运的人"，需要学生在课文的细微处寻找依据，并将"我"与老王在物质、精神等层面进行对比，因此，我组织同桌间进行简单的交流来相互补充。

第三，"我"为何对老王怀有愧怍之情，是一个难度较大的问题，学生在思考的过程中也容易想得比较片面，不深入。因而，我设计使用小组合作的学习方法，并给出两个看似存在矛盾的问题：1. 老王孤苦、困窘，为何却执意不收钱？2. 老王不要钱，"我"为何执意要给他钱？

为了提升学生参与小组合作学习的积极性，我让每个小组都给自己的小组命名，分别为"勤勉小组""乐学小组""博文小组"，组内成员也有明确的分工。在每一个小组中，都安排了学习能力不同的学生，也兼顾了性别上的大致平衡，从而在大体上实现组内异质、组间同质的基本构成。每个小组都有组长，负责围绕问题组织小组内的讨论。

为了对学生课堂合作学习的效果有更为科学、直观的判断与评价，我设计了课堂观察评价表，并让参与观课的老师坐到学生的小组中。每个老师有不同的观测角度与任务，近距离观测学生小组学习的表现，从而提供一些量性和质性的观察结果，旨在更好地改善教学，关注执教教师无法顾及到的地方，提高课堂教学的品质。

表2

《老王》课堂观察评价表

目标达成度	评价
初步"会合作"： 对课文的内容和表达有自己的心得，能认真倾听同伴的观点和建议，与同学在课堂上交流。	完全达成（　　） 部分达成（　　） 未达成（　　）
第二层次"会合作"： 能在语文学习活动中主动承担相应的任务分工，积极参与课堂讨论，结合文章具体内容论述观点。	完全达成（　　） 部分达成（　　） 未达成（　　）
高层次的"会合作"： 能总结别人的观点和想法，能客观地自评和互评，能耐心指导学习困难的同伴。	完全达成（　　） 部分达成（　　） 未达成（　　）

观察维度	观察视角	观察点	总体评价
学生学习	准备	学生课前准备了什么（学习用品/精神状态）？有多少学生做了准备？	
	倾听	有多少学生倾听老师讲课？（百分比）有哪些辅助行为（记笔记/查阅/回应）？	
	互动	有哪些互动行为？学生的互动能为目标达成提供帮助吗？	
		学生的互动习惯怎么样？出现了怎样的情感行为（主动/被动）？	
	自主	学生自主学习的时间有多长？选取的形式是（阅读/练习/思考/探究）？	
教师教学	呈式	教师在课堂中的行为（讲解/走动/指导等）是否规范？是否有利于教学？	
		板书、媒体是怎样呈现的？是否为学生学习提供了帮助？是否适当？	

观察维度	观察视角	观察点	总体评价
课程性质	目标	学习目标的表达是否规范？目标是根据什么（课程标准/学生/教材/纲要）预设的？是否符合该班学生？	
	内容	课堂中生成了哪些内容？怎样处理？	
课堂文化	民主	师生行为（情境设置/叫答机会/座位安排）如何？学生间的关系如何？	

课堂教学片段

师：幸运的人指的是谁呢？

生：杨绛。

师：为什么杨绛说自己是一个幸运的人呢？请大家同桌两个人讨论一下，到文章里去找一下依据。

（学生讨论，3分钟。）

师：有的同学就比较好，在文章里能够做一个圈划，找到他要找的依据，在旁边做了批注。

师：同桌两个同学讨论下来，有一个怎样的结果，跟大家分享一下。

生：我们从文中可以看出，老王是一个没有亲人的可怜人。而从文章也不难看出，杨绛的话，有丈夫，有女儿，有美满的家庭，有亲人的陪伴与家人的温暖。所以她认为自己比老王幸运。

师：你从家庭的角度，看到了他们之间的对比。

生：请大家看到第三小节。"我女儿说他是夜盲症，所以给他吃了大瓶的鱼肝油。"我是有女儿的，还有丈夫，老王却是一个人。

师：这个观点刚才有同学已经表述过了，我们要注意留心别的小组的发言内容。

生：我也注意到了这句话，鱼肝油在六十年代应该是比较稀缺的一种物品，但文中"给了一大瓶"，而且是送给他，所以也能看到杨绛比老王要有钱吧。

师：从经济的角度也能看到她的幸运。

生：同样是在第三小节，"老王只有一只眼，另一只是田螺眼，瞎的"从这里可以看出，老王有生理上的疾病，而作者杨绛身体比较健康，这里也能看到她的幸运。

师：你找到了生理的角度。

生：我们从书下注释一可以看出，杨绛是一名作家、翻译家，是一位文人，有学识，所以她的精神是有寄托的，她的精神世界是丰富的，她可以靠她喜欢的文学作品来排遣她的苦难。而老王无依无靠，只能靠劳力勉强生活，他的精神世界是贫瘠的。所以，相对这一点，杨绛是一个幸运的人。

师：你不仅看到了文章，而且关注到了书下的注释，这样一种学习方法也是非常值得别的同学学习的。老师来总结一下，相对于老王而言，杨绛的幸运体现在两个层面，一层是物质层面，一层是精神层面。也正因为如此，我遇见了老王，我就常常向他提供一些力所能及的帮助。

课后反思

1. 观课教师通过互相补充，能观察到各自小组内学生参与合作学习的具体情况，并能对每一个学生的表现进行质性的描述与评价。在观课中，我们注意到学生之间有评价、有质疑，但有的小组对文本的理解有很多主观性的成分，缺少从文章中寻找依据；有的小组在讨论时表现很热烈，但在交流分享的环节却没有把讨论的核心部分呈现出来，一些很有见地的想法在讨论时没有记录下来，之后就忘了，这一点比较遗憾。另一方面，观课记录表较为繁琐，在实际使用的过程中还有一些不太方便或者表述不清的地方，有待改善。

2. 学生在小组合作中，能抓住文章中的关键性词句，但对关键词句的品味能力还略显不足，阅读文本、揣摩文本的意识不够强烈。学生往往局限在某一个地方进行重复的阐述，没有关注到整个文本，缺乏整体意识。在小组合作交流的过程中，没有及时把别的小组的观点补充记录到自己的学习单上，使得对于问题的认识并未通过交流趋于完整和全面，体现出倾听的不足。

3. 组长在小组合作的过程中发挥了很大的作用，能够带领组内成员一同来探讨同一个问题，而非东拉西扯，有针对性。而在一个话题结束之后，组长也能适时地引导大家关注文本的其他地方。对于参与意识不够强的学生，组长会点名让他们谈谈想法，并组织大家相互补充，使得表述更为规范。

※第三次课堂实践

教学设计

环节一：初读文本，整体把握

1. 梳理文章的主要内容。

2. 明确核心问题：如何理解"那是一个幸运的人对一个不幸者的愧怍"？

环节二：细读文本，合作探究

1. 思考：为什么说老王是一个不幸的人？

2. 同桌合作，思考：为什么说"我"是一个幸运的人？

3. 小组合作，探究"我"愧怍的原因。

（1）从"我"与老王交往的几件事中，你能感知到老王是一个怎样的人？

（2）老王病入膏肓为何要来"我"家送香油和鸡蛋？"我"收下香油和鸡蛋后，为何执意要给老王钱？

4. 感受作者的自省

在小组合作的过程中，我修改了两个给予学生梯度思考的问题，从而引导学生注重文本阅读的整体意识，而非仅仅关注其中的某一件事。我设计了两个思考的角度，学生可以自选角度，在小组合作学习中进行讨论，从而突破难点。通过几个问题的互动与交流，使每个学生有语言实践和自我表现的机会。语文课程丰富的人文内涵对学生精神领域的影响是深广的，学生对语文材料的理解又往往是多元的，把学生的独特体验综合起来，能使他们对语文内容的解读更深更广。各小组在合作学习之后进行观点的分享，通过组间认知的补充落实课堂的重点与难点。

为了让学生更好地倾听别人的发言，并适当地进行记录，我进一步修改了学生的学习任务单，引导他们有补充、完善的意识。而在小组讨论之前，我对学生提出了如下要求：（1）全体成员共同参与，每位同学都要阐述自己的观点与想法；（2）通过朗读、圈划、分析具体的词句等方法来讨论问题；（3）阐述观点时，应把在文中找到的依据读出来；（4）组内成员相互补充、质疑、记录。这一系列要求的提出，旨在促进小组合作的顺利开展，并引导学生基于文本提出自己的看法，从而在小组内形成相对统一的观点，并能结合文本提供一定的依据。同时，为了引导学生在交流分享的过程中能有观点、有依据、有感触地展开论述，我给每个小组设计了一份小组讨论记录表，并在每个小组中安排一名记录员进行记录。通过合作学习，旨在帮助学生基于文本感知到：老王卑微的生命中蕴藏着高贵的人性，以及"我们"对于彼此的不同认知与求予是"我"愧怍的重要因素。

表3

《老王》学习任务单

一、课前预习

1. 请给下列加点的字注音

伛（　　）身　　攥（　　）着　　塌（　　）败　　翳（　　）

取缔（　　）　　骷髅（　　）　　滞（　　）笨　　愧怍（　　）

2. 在作者心里，老王是一个怎样的人？在老王心里，作者又是一个怎样的人？

_____

3. 读完文章后，你有什么疑问吗？

_____

4. 阅读《丙午丁未年纪事》

_____

二、课堂活动

1. 联系文章，思考：为什么作者说自己是一个"幸运的人"？

_____

2. "我"为何对老王感到愧怍？

我的观点：_____

组员的观点：_____

其他小组的观点：_____

三、课后作业

1. 比较下面两句话，你认为哪一句话的表达效果更好：

(1) 那是一个多吃多占的人对一个不幸者的愧怍。

(2) 那是一个幸运的人对一个不幸者的愧怍。

_____

2. 拓展阅读《阿长与〈山海经〉》（鲁迅）。

表4

	＿＿＿＿＿＿小组合作学习记录表
问题	"我"为何对老王感到愧怍？ （1）从"我"与老王交往的几件事中，你能感知到老王是一个怎样的人？ （2）老王病入膏肓为何要来"我"家送香油和鸡蛋？"我"收下香油和鸡蛋后，为何执意要给老王钱？
要求	1. 全体成员共同参与，每位同学都要阐述自己的观点与想法。 2. 通过朗读、圈划、分析具体的词句等方法来讨论问题。 3. 阐述观点时，应把在文中找到的依据读出来。 4. 组内成员相互补充、质疑、记录。
观点与论述	

　　针对之前课堂观察评价表在使用中存在的一些不便之处，教研组在合作中进行了修改，希望以更明确的版块区分，以量性和质性相结合的方式，关注课堂上教师的教学和学生的学习，对课堂教学的品质进行诊断，从而为教师关注课堂、改善课堂教学提供一些参考和佐证。

表5

国和中学语文课堂小组合作学习观课评价表

执教者：　　　　课题：　　　　班级：　　　　时间：　　　　观课者：

观测点	具体特征	量化评价 （1差—5非常好）	观测材料收集与分析
观测点1 合作准备	1. 座位安排	1 2 3 4 5	
	2. 组员分工	1 2 3 4 5	
	3. 学习准备	1 2 3 4 5	
观测点2 合作过程	1. 分享观点	1 2 3 4 5	
	2. 互相倾听	1 2 3 4 5	
	3. 补充质疑	1 2 3 4 5	

观测点	具体特征	量化评价 （1差—5非常好）	观测材料收集与分析
观测点3 小组交流	1. 发言质量	1 2 3 4 5	
	2. 组员补充	1 2 3 4 5	
	3. 组间交流	1 2 3 4 5	
观测点4 目标达成	1. 重点突破情况	1 2 3 4 5	
	2. 预设目标达成度	1 2 3 4 5	
	3. 学习方式有效性	1 2 3 4 5	

在作业设计环节，引导学生可以继续小组合作，完成咀嚼字词、拓展阅读与交流的作业，既体现了教学内容与教学评价的统一，也是对课堂上合作学习的拓展与延伸。

课堂教学片段

师：既然我是如此一个善良的人，那为什么当老王死后，我却会感到愧怍呢？这是一个比较难的问题，老师设计了一个小组讨论的环节，提供了两个角度，同学们可以自选一个角度来进行思考。请所有同学先看一下幻灯片上老师所提出的一些要求，然后按照老师的要求开展小组活动。

（学生小组合作学习，十分钟。）

师：我们来交流一下。请每个小组的记录员把你们刚才讨论的结果与大家分享一下，要有明确的观点，并且能够呈现你们在文章中找到的一些依据。

生：我们博文小组所讨论的观点是——作者从前只是觉得老王可怜、不幸，为自己过去没有感受到老王精神的可贵而感到愧怍。我们一起来看第六小节。这一小节是写文革中，老王送钱钟书看病，还不要钱。文中这样写："他哑着嗓子悄悄问我：'你还有钱吗？'"从中可以看出老王是个很善良的人。而"我"却笑着说"有钱"，可能这个"笑"体现出作者当时觉得老王这句问候是有点幼稚的，尽管在文革时期，作者的境遇相较于之前是有些落魄的，但是相较于老王而言还是十分宽裕的。所以作者觉得老王的询问是多余的，却没有认识到那是老王很真诚、很真挚的一句问候。我们再来看第九节："我问他：'老王，你好些了吗？'他'嗯'了一声"。尽管老王已经病入膏肓了，他在身体很不好的情况下还是不会让别人担心，表现出他是一个十分善良、体贴的人。但是在这之前作者与老王的交往中，她并没有意识到这一点。所以可能是由于这样一个原因，作者对老王是有一份愧怍的。

师：博文小组提到了老王身上有一种善良的特质，他们认为这是作者愧怍的一个原因。

生：我为我们组长补充一点。在送钱钟书看病这件事中，如果老王只是把我们当作普通的雇主，那么他把我们送到医院后，肯定会收取相应的劳动费。然而，他却坚决不肯收钱，这里能感觉出他把作者一家当作自己的家里人来看待，这里也体现出他很善良的一面。还有后面提到"他哑着嗓子悄悄问我：'你还有钱吗？'"，"哑着嗓子"和"悄悄问"说明他故意小声说，不想让外人听到，很顾及作者的颜面。当时文革时期，作者一家的社会地位很低，经济条件也大不如从前，但是老王没有受歪风邪气的影响，还是一心一意对我们好，这里也体现出他的善良是很难能可贵的。

生：我还有补充，老王的善良不仅体现在这个地方，我们还可以从第11、12小节两个人物之间的对话看出。"我强笑"说明当时老王因为生病，他的面容是十分恐怖的，作者极力想掩饰自己内心的惊恐，作者对他还是很同情的。而"他只说"中的"只"这个字说明老王当时虽然已经病入膏肓，但是他为了不让作者担心自己而刻意回避了自己的伤痛。"我不吃"这句话虽然只有三个字，但是却体现了老王的善良和体贴。他当时完全可以说"我舍不得吃""我吃不下"或者"我没有时间吃了"这样一类话，但是他没有这么说，这里让我觉得他的善良和淳朴，不想让"我"因为收下了他的东西而有心理负担。而这些却是作者当时没有深深体会到的。

师：她对文章中一些关键的字句分析得非常细致，观察到一些看似不经意的细微之处的言语，并能从中获得自己的一种感触，非常值得别的同学来学习。

课后反思

1. 在本堂课的教学过程中，师生合作与生生合作的形式贯穿课堂的始终，达成了预设的教学目标。其中，为了解决"我"为何对老王怀有愧怍之情这一核心问题，学生开展了有效、科学的小组学习。在学生的合作经历中，展现了教师的引导以及学生"会合作"能力的提升。每个学生有一张学习任务单，每个小组有一张合作学习记录表。通过小组合作的方式，激励了每一个学生提出自己的见解，并在此基础上相互补充、质疑，从而提高学习效率。

2. 通过小组合作学习，几个小组在交流的过程中都能阐明自己的观点，并从文章中寻找依据作进一步的说明。在记录员发言结束后，同组以及其他小组的成员都积极地进行了补充，从而将作品中的几个部分有机地结合在一起，寻找到材料与材料之间的联系，关注到人物彼此之间在多种层面上的对比，从而共同突破了本堂课的难点。

3. 学困生发言的时间与思维的容量和小组内别的组员相比，还有比较明显的差异，尤其在表述自我观点的时候，他们往往很难用妥当的词句描述自己的想法，也比较少直接表达出类似"我不懂"的感受，这对同伴之间的互助带来了一定的障碍。同时，在小组合作中，同伴间相互补充的情况比较多，有所质疑的声音比较少，这反映出学生能认真倾听他们的阐述，但在形成批判性思维的维度上还是存在相当大的发展空间。

三、反思与总结

1. 关注文体特点，激发学生的主体意识

正如散文作家秦牧所说："那些最好的散文，有的使人想起了银光闪闪的比首，有的使人想起了余音袅袅的洞箫，有的像明净无尘的水晶，有的像色彩鲜明的玛瑙……"散文因其独有的特点，受到了人们的喜爱，在教材中也占有较大的比重。为了帮助初中学段的学生逐步掌握阅读散文这一文体的方法，而不仅仅是读懂某一篇文章，在日常教学中，教师努力通过引导学生在合作中阅读、分析作品，解决阅读中遇到的核心问题，这不仅能帮助他们体会其遣词造句之优美、结构章法之巧妙，更能在其中看到人生、人性、人伦、人情，从中或产生情感与认知上的共鸣，或获得人生与经验上的补充。

语文教学丰富的人文内涵对学生精神领域的影响是深广的，学生对语文材料的理解又往往是多元的，把学生的独特体验综合起来，能使他们对语文内容的解读更深更广。因而在散文阅读的教学中有针对性地开展合作学习是适切的、科学的，它所引发的绝不仅仅是单个学生对作品的欣赏，绝不仅仅是个体和作品之间的共鸣，它还将引发学生曾经在日常生活中所未能抵达的深入的思考。这些思维的碰撞与激发能帮助学生认识自己，发展自己，从而更好地实现自己。

在初中散文教学中落实基于"会合作"为核心素养的研究，是符合散文文体特点的一种有效学习形式。"表达"与"倾听"的二元关系是合作学习中至关重要的两个关键词。"会合作"的课堂创建旨在关注学生的学习经历，对培养学生的思维能力、促进课堂上的深度学习起到重要作用。通过几个问题的互动与交流，使每个学生有语言实践和自我表现的机会。它既让每一个学生都发表自己的学习心得，也养成注意听取别人意见的良好习惯，以解决实际问题，共同完成学习任务。小组合作的学习方式，能激励每一个学生提出自己的见解，并在此基础上相互补充、质疑，从而提高学习效率。在小组中，学生之间不再仅仅追求发言的热闹、踊跃，而是认真地相互倾听，共同合作解决问题。

为了提升学生在小组学习中的参与度，应当鼓励班级内的学生有清晰的分组，组内成员也有明确的分工。学生根据课堂合作学习所讨论的核心问题开展课前预习，了解作家生平资料与时代背景，对作品的主要内容有基本的认知，对作品所表达的情感有初步的感受。在小组合作中，让学生在一起自由、自主地交流、讨论，营造一种民主、宽松、和谐的学习氛围，从而激发学习基础比较薄弱的学生的积极性和主动性，让他们有更多发言的机会，并在发言后给予恰当的评价与肯定，有效发挥他们的学习潜能，提高学习效率。

2. 重视课堂观察，聚焦核心问题

课堂文化转型，需要整个教研组、整个学校的共同努力。基于这一点，科学、有效、适切的课堂观察形式是不可或缺的一项工作。将量性的评价和质性的观察相结合的课堂观察方式，能够更加科学地对课堂教学的品质进行诊断，寻找课堂转型的切入点，能够关注到小组合作学习中每个学生的表现情况，从而为教师改善课堂教学，提供必要的帮助。

在教师层面，我们共同关注了五个核心关键词：善于创设情境、善于设疑提问、善于启发引导、善于组织互动、善于积极评价。要提高教师在这些方面的能力，必须要聚焦课堂上出现的真问题、核心问题，在思考如何解决这些问题的过程中，使得教师的专业能力与教学水平得到提升。通过课堂观察，能准确地发现学生在课堂学习过程中出现的一些问题，从而在教研中探求改善的方法。

在合作学习中，为了引导学生明确小组合作的目的，明晰小组合作谈论的抓手，教师应对小组讨论提出引导性的要求，并关注讨论问题的提出既要有利于学生解决核心问题，又要给学生创设一定的阶梯性，循序渐进地进行思考与交流，让学生有话可说，敢于并善于基于文本表达自己的见解。最近发展区的理论告诉我们，学生的发展有两种水平：一种是学生的现有水平，指独立活动时所能达到的解决问题的水平；另一种是学生可能的发展水平，也就是通过教学所获得的潜力。两者之间的差异就是最近发展区。教学着眼于学生的最近发展区，为学生提供带有难度的内容，调动学生的积极性，发挥其潜能，超越其最近发展区而达到下一发展阶段的水平，然后在此基础上进行下一个发展区的发展。这个理论告诉我们在教学过程中，要考虑到学生的已知水平以及通过自主学习、合作互助可以达到的水平，然后以此为据实施教学。

3. 积累课例研究，开展多轮实践与评价

课例研究具有生长性的特点，是随着研究者的行动不断深入发展的，对于一个课例的研究贯穿备课、上课、评课各个不同的阶段。备课阶段，教研组会对每个细节进行推敲，最后形成较为完善的教学设计。这是教师之间的合作探究，是集体志趣的融合。从课例研究层面来看，这一阶段会呈现几种不同的教学设计，从而解决许多细节方面的问题，也会体现出相对应的一些教学理论的支持。在课堂实践中，结合学生的具体表现，教师会采取积极的调整方案，以适应学生的学情，更有效地达成教学目标。通过多轮的实践，能够引导教师对教材有更为深入的理解，甚至站在更高的高度去看教材，也就是我们常说的"用教材教"。

教师构建的课例研究不可能是完美的，是需要不断反思、比较、分析、发展与完善的。每一种教学模式都有各自的优点、缺点，要根据实际情况加以选择。在课例研究中，可以比较不同教学模式的教学效果，分析不同教学模式的优缺点，以及针对不同的教学内容进行适切合理的选择。在不断探索中，找出差别所在，分析差别原因，找到差别的支撑性理论依据，从而筛选出需要研究的部分，进一步在实践中加以完善，对今后的课堂教学是大有裨益的。

在一些课例研究与实践中，总是习惯于将评议的重点放在上课教师如何处理教材、如何讲授、如何提问这些"怎样教"的行为上，但我们更应该关注教师的行为是否及时有效地促进了学生的学习。在课例研究中，要重点关注学生学习过程中各种能力的发展与提升，观察和分析学生在课堂活动中的具体行为，然后根据学生的课堂表现进一步改进教师的教学，达到促进学生发展的目的。

（本案例作者：姚　懿）

二、 合作不仅是一种学习的形式，而是一种价值观

核心素养的提出，让教育改革进入"3.0时代"，学生发展核心素养是关于学生知识、技能、情感、态度、价值观等多方面要求的综合表现。核心素养的提出，将进一步落实立德树人的根本目标，改变教育领域内依然大量存在的"唯分数论"的现象。中国教育学会副会长、国家督学张绪培的一段话耐人寻味："有人说，什么是素质？当你把在学校学的知识都忘掉的时候，剩下的就是素质。今天孩子在课堂里学化学，不是让他成为化学家，我们关注的是，毕业以后，作为一个公民，学过化学和没学过化学有什么差异？化学能留给他终身受用的东西是什么？这就是核心素养。"联系到合作学习，我们要让学生获得

的，是合作的理念，合作的态度，合作的方法，以及善于与人交往、乐于与人分享的态度等，这些能力对学生来说是终身受用的东西。

合作学习能调动每个学生的积极性与参与度，形成"一荣俱荣、一损俱损"的观念，能充分发挥每个学生的优势，弥补他们的不足，使他们在合作中能力得到培养，素质得到提升。

● 课例分享

圆的周长

教学目标：

在"观察——猜想——实验——归纳——验证"的过程中获得圆的周长 C 与直径 d 的数量关系，形成圆的周长公式，并会用圆的周长公式进行简单问题的计算。在操作实验中，感悟"化曲为直"的数学思想，发展合作、交流的意识。能从我国古代数学家的事迹中感悟民族精神的震撼。

教学重点：

掌握和灵活运用圆的周长公式进行计算。

教学难点：

理解圆周率的意义，灵活运用圆的周长公式进行计算。

课前准备：

每位学生准备一元和五角的硬币各一枚，一些圆形的物品（例如瓶盖等），一根细线和一把刻度尺，计算器。

一、创设情景，揭示课题

1. 展示生活中一些图片，问学生在这些美丽的图案中有你认识的数学图形吗？

2. 复习圆中有关的概念和性质

用圆规画圆，固定的这点是圆心；联结圆心和圆上的任意一点的线段是圆的半径，联结圆上任意两点且经过圆心的线段是圆的直径。因此圆的直径是半径的 2 倍。

3. 思考：两辆遥控模型赛车分别沿着边长为 2.5 米的正方形和直径为 3 米的

圆形赛道进行比赛。如果它们同时、同速从一点出发，那么谁先回到原出发点呢？

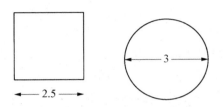

问题1：猜测一下谁先回到原出发点？

问题2：要解决这个问题，关键只要比较哪两个量的大小？

问题3：正方形的周长怎么求？怎么列式？

问题4：什么是圆的周长？

揭示课题：怎么求圆的周长呢？今天，我们就一起来研究"圆的周长"。

板书课题：§4.1　圆的周长

二、实验操作，合作探究

1. 我们已经知道正方形的周长是由它的边长来决定的。边长越长，正方形的周长就越长。那么，圆的周长是由圆的什么因素决定的呢？

（此处也许会有学生提出影响因素为"半径"，教师也要予以肯定，并且指出"半径"和"直径"有着固定的倍数关系，所以可以将"半径"因素归结为"直径"。）

2. 正方形的周长和它的边长存在着一个固定的倍数关系——4倍，那么圆的周长和它的直径之间会不会也存在着某种固定的倍数关系呢？下面我们不妨来验证一下，看一看大家猜测的结果对不对。

3. 认识圆周率 π

请大家拿出准备好的硬币和圆形瓶盖等，四人一组分组进行实验操作。

动手操作之前小组讨论：

(1) 如何测量这些圆形物体的直径呢？

（介绍、演示用尺子构造"卡尺"来测量硬币的直径，再介绍工业中广泛应用的"游标卡尺"。）

（2）如何测量这些圆形物体的周长呢？

（演示测量圆周长的两种方法——滚动法和拉直法）这些方法归纳起来都是把曲线变直。

四人小组动手测量，选派一个组长负责分工，一人测量直径，两人合作测量周长，一人记录数据，计算周长和直径的比值，记录在表格中。

各小组汇总交流实验结果，并加以总结分析。

虽然这些圆的大小不同，但通过测量和计算，你发现圆周长和直径长有什么关系吗？

我们通过实验研究，得出圆的周长总是直径的 3 倍多一些。

是不是这样呢？我们用电脑来验证一下。

经过电脑的再次验证，圆的周长和它的直径的确是一个固定的倍数关系，我们把这个固定的倍数叫做"圆周率"，用字母 π 来表示，读作"Pai"。

经过古今数学家们的长期探索，发现圆周率是个无限不循环小数，近似等于3.14，即 $π≈3.14$。我国古代数学家对圆周率进行了长期研究，祖冲之用简单的计算工具笔、尺将圆周率精确到小数点后面的第七位。这在当时是件非常不容易的事。这个结论比西方数学家早了一千多年。

4. 公式推导：

圆的周长÷圆的直径＝圆周率

我们用字母来表示就是：$\dfrac{C}{d}=π$

将上面的式子变形后得到：

$$C＝π·d$$

因为圆的直径是半径的 2 倍，所以我们又可以得：$C＝2·π·r$

这就是我们今天得到的两个关于圆的周长的重要计算公式。

已知直径你会选择哪个公式计算圆的周长？

已知半径呢？

三、初步应用，运用新知

有了圆的周长公式以后，我们就能够比较方便地求出圆的周长来解决一些实际问题了。

1. 解决情境中的思考题（小组探究）

问题：题目中已知了什么条件？选用哪个公式计算？

注意强调解题格式：写出已知条件、选择计算公式、代入计算、得出结果，写上答句。

本章中无特殊说明，π取3.14进行计算。

2. 练习：一张王莲的叶子近似一个圆，它的直径约是0.95米。这张叶子的周长是多少米？（结果保留两位小数）

（学生板演并讲评，注意解题的格式和计算的准确性。）

3. 例题：一颗卫星围绕地球飞行，飞行轨道近似为圆形。已知卫星距离地球表面500千米，飞行了14圈，问卫星一共飞行了多少千米？（地球的半径约为6400千米）

引导小组学生审题分析：

问题1：卫星飞行轨道近似于什么图形？

问题2：问题要求什么？实际上就是求什么？

问题3：求圆的周长要知道什么条件？

问题4：圆的半径知道吗？你怎么求？你是怎么知道的？你选择哪个公式运算？

小组分工，画出示意图加以分析。

预案：圆环的外圆周长 $C_1 = 250 \, cm$，内圆周长 $C_2 = 150 \, cm$，求圆环的宽度 d（结果精确到0.1 cm）。

四、课堂练习

A组：

1. 填空：

（1）已知圆的直径为1 cm，则这个圆的周长为_____cm；

（2）已知圆的半径为1 cm，则这个圆的周长为_____cm；

（3）已知圆的直径为3 cm，则这个圆的周长为_____cm；

（4）已知圆的半径为2 cm，则这个圆的周长为_____cm。

2. 求图中各圆的周长。（单位：厘米）

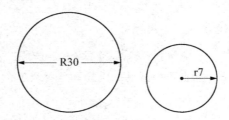

3. 如图是一个由半圆和一条直径长所组成的图形，求这个图形的周长，小明、小丽、小杰谁算得对？为什么？（单位：厘米）

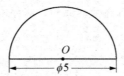

小明： 3.14×5＋5

小丽： 3.14×5÷2

小杰： 3.14×5÷2＋5

B组：

1. 判断题：

(1) 圆的周长是半径的2π倍（   ）

(2) 小圆的圆周率比大圆的圆周率小（   ）

(3) π＝3.14(   )

2. 有一奶牛场准备用粗铁丝围成一个半径长是120米的圆形牛栏，如果用铁丝围三圈，那么，至少需要买多少米铁丝？（接头处忽略不计）

3. 如图，计算环行跑道的周长。（单位：米）

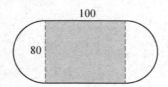

五、自主评价，升化新知

1. 学生小结：今天有什么收获想和同学一起分享？小组还有什么困惑需要再一起探究的？

2. 教师补充小结：

(1) 应根据已知条件正确选择圆的周长公式：$C_圆 = \pi \cdot d$；$C_圆 = 2 \cdot \pi \cdot r$

(2) 我们通过"观察——猜想——实验——归纳——验证"的过程来探索圆的周长公式，在这一过程中，我们可以初步感受到数学研究的一般过程，也享受了合作学习的乐趣。

附：课堂合作评价标准目录

《圆的周长》课堂观察评价标准目录			
核心教学目标： 会合作			
第一层次初步"会合作"： 组长合理分配任务，组员服从并合作完成任务，不跑题不走神（100％学生达成）			
第二层次"会合作"： 组内讨论积极参与，主动发言，能形成统一的讨论结果（80％学生达成）			
高层次"会合作： 组内讨论富有创造性，彼此启发相互补充，气氛融洽，最终能形成较理想全面的探究结果（20％学生达成）			
合作维度	合作视角	合作点	总体评价
学生学习	准备	学生课前准备了什么（学习用品/精神状态）？有多少学生做了准备？	
	倾听	有多少学生倾听老师讲课？（百分比）有哪些辅助行为（记笔记/查阅/回应）？	
	互动	有哪些互动行为？学生的互动能为目标达成提供帮助吗？	
		学生的互动习惯怎么样？出现了怎样的情感行为（主动/被动）？	
	自主	学生自主学习的时间有多长？选取的形式是（阅读/练习/思考/探究）？	

合作维度	合作视角	合作点	总体评价
教师教学	呈式	教师在课堂中的行为（讲解/走动/指导等）是否规范？是否有利于教学？	
		板书、媒体是怎样呈现的？是否为学生学习提供了帮助？是否适当？	
课程性质	目标	学习目标的表达是否规范？目标是根据什么（课程标准/学生/教材/纲要）预设的？是否符合该班学生？	
	内容	课堂中生成了哪些内容？怎样处理？	
课堂文化	民主	师生行为（情境设置/叫答机会/座位安排）如何？学生间的关系如何？	

（本案例作者：李　琰）

三、要真合作，不要"伪合作"

教学实践中我们不难发现，我们所谓的合作学习往往会走进一种误区，追求形式上的、表面上的热闹，摆"花架子""走过场"，徒有其形而不具其神，这种合作方法只能算是"伪合作"。小组合作形式为"学生教学生"，但很多时候表现出来的是优等生教后进生，在这个过程中，优等生占绝对主导地位，后进生几乎都是被动接受。这需要我们反思，这是合作学习吗？合作学习的关键应该是学生间既形成了合作又构成了学习，也就是说学生通过合作学习，一方面能够形成新的知识建构，另一方面逐步树立起合作的精神品质。如果在合作学习中都是优等生教后进生，那无疑是一种"伪合作学习"，因为讲的内容优等生都已经学会，所谓的合作学习就变成了多此一举。

如何让"伪合作"变成"真合作"？

首先，要让学生先自我思考，老师提出问题后学生先自学，只有学生思考了才能真正产生疑问，才有想要通过合作学习来解决疑问的想法。

其次，要教学生学会倾听。作为优等生，表现欲望强烈，往往还没听到关键词时就打断其他人的说法，这样既让讲述者有不被尊重的感受，同时容易打断讲述者的思路，造成思维混乱。因此，培养学生学会倾听是开展合作学习的重要前提。

第三，特别需要关注学生的分组情况，如果学生之间的差异太大，组内成员之间就很难产生互相的依赖，就不能让学生产生"他能帮助我，我能帮助他"的想法。如果组内分工明确，能根据学生的特长给学生分配不同的任务，学生只对自己任务熟悉，对其他内容不够理解，只能通过小组合作来进行学习，自然能形成合作意识。因此在合作学习的情境下，我们要倡导的不仅仅是学生教学生，更要关注学生自己是否已经思考，学会倾听，能够和小组成员产生依赖，只有这样，合作学习才不会流于表面，才能让"伪合作"变成"真合作"。

● 课例分享

以"会合作"为核心素养的初中英语教学案例分析
——以《Windy weather》为例

一、案例背景

本节课的教学内容是六年级第二学期第八单元"Windy weather"的第四课时"A poster"。本单元话题为"风"，从整个牛津英语教材来看，属于环境方面信息素养模块的教学内容。该单元旨在培养学生综合运用语言的能力，该话题在本模块中占据了重要的位置，学生通过前三个课时的学习，能够了解自然现象——风，包括各种类型的风和台风来临时的情形，积累了一些有关天气的词汇和句型，学习了副词和情态动词 may 的用法。

根据六年级学生的特点来看，他们尚处于英语学习的初步阶段，需通过听、说、读、写多种方式给学生提供可理解的语言输入，锻炼他们英语的思维、联想、想象、判断和推测的能力，充分调动他们的情感、态度、兴趣等非智力因素，从而增强语言的分析加工能力，丰富英语词汇的存储，促进语言的表达。然而，要求六年级学生运用语言知识独立完成一篇短文还是有一些难度的。在教学过程中，要考虑到不同层次学生的发展要求，对于能力较好的学生，可以用阅读指导写作，学会知识的迁移，将有用的语法词汇运用于写作中，更好地表达自己的想法。对于中等生，要加强他们的语法知识，在写作中少犯错误。对于基础薄弱的学生，则要抓住词汇的拼写，词组的搭配以及课文的背诵，争取简单的写作。在此基础上，通过这样一节写作课，以读促写，力争培养各层次学生会合作的能力。

二、案例描述

1. 任务 1：Pre-task preparation

（1）教师展示有关台风的幻灯片，学生观察后，进行讨论。

（2）学生小组内发言，师生共同复习前一课时有关台风的内容，通过图片，引入话题，激活学生学习动力。

2. 任务 2：While-task procedure

（1）教师展示一组图片，由 must 引出 should 的用法。

（2）学生看图，口头操练本课重点情态动词 should 的用法。

（3）小组讨论，在哪些地方会用到 should，并举出相应例子。

T：Where do we use "should" in our daily life? Talk about it in groups. Each secretary should write down what your group member said. Then the leader should report the result.

E. g Group One

S1：I think we should keep quiet in the classroom.

S2：I think we should finish our homework on time.

S3：We should listen to the teachers carefully.

Group leader：So we can use "should" in the classroom.

After the reports

T：Every group has just reported their results. We use "should" in so many places, in the classroom, in the park, on the road, in the library. Therefore, we can use "should" in the rules.

（4）教师展示一组图片，学生小组讨论后，完成安全规则的填空。

3. 任务 3：Post-task activities

（1）学生分组，根据图片，分辨对错，讨论在家如何防范台风。

（2）小组合作，完成作文 Typhoon，并派代表进行分享。

T：In this part, we are going to talk about the typhoon. I will give you several questions. Each of you in the group should answer at least one of them. You can also add your own idea. The secretary should write down and conclude the passage. The leader should check the passage and report it to the whole class. The questions are as follows：

a. When there is a typhoon，how is the weather?

b. What can you see when there is a typhoon?

c. What may happen when there is a typhoon?

d. What should we do when a typhoon is coming?

4. 任务 4：回顾学习过程

学生回顾整堂课学习的过程，明确本节课的学习重点，明确写作的格式和内容，从而梳理总结整堂课的学习内容。

5. 布置作业

（1）背诵 Look，read and match

（2）完善作文 Typhoon

三、案例分析

从传统知识观的角度来说，学生的合作意识与能力在学习多维能力中起着重要的作用。从当今时代教育教学的特殊性上来讲，合作也早已成为比知识更重要的一种"能力"。因此，在教育教学的常见环节中，以培养学生合作能力而出发的备课活动是不可缺少的。

通过在教学中，合作学习可分成两两结对或者两人以上形成小组学习。两两结对适用于对话操练，两人以上小组更适用于解决问题并报告结果，共同完成学习任务。以小组为单位，进行集体学习。在集体学习的过程中，组内学生互相帮助，克服生词语篇障碍，在合作中学会解决问题，力求理解并获取课内知识。

在教授"A poster"这一课时，我采用"以学生为本，老师引导为辅"相结合的方法，来解决教学重点与难点，以四到五人为一组，从而逐步推进"会合作"的培养。

在任务一的活动中，要求学生小组内发言，讨论图片内容。由于是复习前一课时的内容，在讨论时，学生都有话可说，小组里由组长带头发言后，即使是成绩较弱的同学也能够举手。学生间的合作不但练习了口语表达，对于思维的辨析也有一定的帮助。

经过简单的复习后，任务二的活动相对难度有了提高，要求小组讨论，在哪些地方会用到"should"，并举出相应例子。我在每个小组里都安排了一个记录员，记录组员的发言，同时要求每个组员都必须发言，最后通过讨论，得出可以使用"should"的地点以及用法。

本节课的重点在于通过前面任务的铺垫以及前三课时的学习，最后写出以"Typhoon"为题的作文。考虑到不同层次学生的学习能力，我提供了四个问题以供参考。这样对于基础薄弱的学生，他们可以回答出这些问题，便能完成一篇作文。对于中等生和能力较好的学生，他们能够通过这些问题的思考，通过联想，写出更多的内容。在小组合作中，我要求每个组员必须回答至少一个问题，由记录员记录下来，组长检查后，向全班汇报。通过小组合作的方式，从而降低其难度，使基础好的同学在写作时起点更高，基础较弱的同学也能言之有物，互相启发，共同提高。如资料、信息的搜集，材料关键点的把握，文章完成后的修改等，都能以小组合作的方式，相互学习、相互促进。

结合我校"六会"评价指标中的"会合作"这一核心素养，在备课时要充分考虑以下几点：

1. 合作小组的分组依据

在备课时，教师应当充分考虑学生的特点，按照他们的性别、性格、知识结构、能力水平等各方面的因素，将学生混合分组，以四到五人一组，并且使得组与组之间尽量均衡，每个小组的水平处于相近。

2. 课堂合作学习

（1）分组：将学生分成 4 至 5 人一组，也可以根据实际情况进行适当调整。

（2）确定分工职责：根据题目，组长及组员一起计划步骤和任务并进行分工。在备课时设计好每个小组成员的分工，各自应有不同的任务和职责，使得每个学生都能有活可干，真正参与其中。比如每个小组都可以根据自己的组员情况来设立组长、记录员、汇报人等各一名，组长负责组织、开展小组合作学习活动，记录员负责记录本组的讨论过程和想法，发言人则代表本组进行总结发言、汇报小组合作的学习成果等。

（3）实施：学生根据分工完成任务，教师及时指导。

（4）归纳分析：小组就每个人提供的想法进行讨论、总结、归纳。

（5）报告：各组在课堂上口头报告，或根据需要进行演示。

（6）评估：组员对各组的调查结果进行自评和互评。

3. 评价的方法

合作学习的评价包括不同小组学习过程与学习结果的评价，也包括小组内的集体评价和个人评价。在备课时，教师可以为学生制定每节课专属的评价量表，从不同的方面让学生为其他小组、本小组内成员以及本人进行打分评价，包括不同小组发言对学习目标的达成度，小组成员的参与度、积极性等等，以此培养学生合作学习的能力和团结协作的精神，使学生认识到每一个合作小组都是一个学习共同体。

（例如下表）

项 目	要 求	自评	互评
通过讨论 学会合作	针对问题展开讨论与交流，主动参与学习，进而使其学会与他人合作		
善于倾听 懂得合作	能独立思考，并善于倾听他人想法		
利用实践 善于合作	分小组合作学习，运用所学的知识，在交流、探究中各抒己见、相互启发		
利用互评 享受合作	积极参与学习评价，相互评议，相互补充，了解合作的真正意义		

备注：均能做到为 A，基本能做到为 B，基本做到一部分为 C，基本做不到为 D。

（本案例作者：王蓉蓉）

要让合作学习落到实处而不流于表面，让每个学生都有不同的收获和发展，教师要投入十分的智慧和热情，不仅要合理分组，鼓励学生的积极性，还要多创设一些有意义、可操作性强的学习活动。合作能力的培养不是靠一两节课就能够一蹴而就的，我们要将这种培养意识放在日常教学中，努力培养学生们积极的学习态度和真诚合作的精神。

第六章

会坚持：一种可以养成的好习惯

　　坚持是一种自我激励行为，是意志力的完美表现。培养学生坚韧不拔、坚持不懈、持之以恒的精神对学生健康快乐成长会产生积极的促进作用。中学生有了积极进取的心态，就能克服惰性，把注意力集中于未来，就能坚持到底。

第一节　坚持是学习者的进取态度

"锲而舍之，朽木不折；锲而不舍，金石可镂。"出自《荀子·劝学》，意思是说，如果做事情不坚持，那么即使是腐朽的木头都不能轻易折断。如果做事情能持之以恒，那么即使是金石那样坚硬的物体也能雕出美丽的花纹来。其寓意是告诉人们做事情要持之以恒，不轻言放弃。引申为只要坚持不懈地努力，即使再难的事情也可以做到。

一、"会坚持"的价值

骐骥一跃，不能十步；驽马十驾，功在不舍。同样，成功的秘诀不在于一蹴而就，而在于持之以恒。

成功没有秘诀，贵在坚持不懈。任何伟大的事业，成于坚持不懈，毁于半途而废。其实，世间最容易的事是坚持，最难的，也是坚持。说它容易，是因为只要愿意，人人都能做到；说它难，是因为能真正坚持下来的，终究只是少数人。

法国著名的微生物学家、化学家巴斯德有句名言："告诉你使我到达目标的奥秘吧，我唯一的力量就是我的坚持精神。"

这些例子足以说明坚持的意义和价值。世上无难事，只怕有心人。人在面对困难的时候，坚持一下，再坚持一下，也许成功就在不远处。学习也是一样，它从来就不是一件轻松的事，纵观我们身边的人，但凡取得一定成就的都是要经过艰苦的努力，只有通过自身的不懈努力，刻苦钻研，坚持不懈才有成功的可能。

二、"会坚持"的含义

百度百科中给出的解释：坚持（名词、形容词、动词），即意志坚强，坚韧不拔，持即持久，有耐性。坚持的意思是不改变不动摇，始终如一。坚持是意志力的完美表现。坚持也是有毅力的一种表现。

三、"会坚持"的学科内涵

根据对上海市某区《初中学业绿色指标综合评价》《区创智指数报告》的分析解读发现，学生的学业负担与压力普遍较重，仅有 30％—40％的学生表示学业负担适中或较轻。然而，我们在呼吁教育部门、学校、教师、家长采取有力措施减轻学生学业负担的同时，是否也应该想到，同样在一所学校、甚至一个班级，为什么会有 30％—40％的学生并没有感觉到过重的学业压力？造成学生学习负担的因素，除了客观因素（如作业量大，作业难度高等），学生主观因素也不容忽视。比如我们在日常教学过程中不难发现，有些学生学习、做作业的专注度不高，容易走神，碰到困难容易退缩，容易放弃。这样的学生，意志力、克服困难的勇气和能力及自信、自立、自强等非智力因素需要着重培养。在教育过程中，非智力因素的培养和智力因素的培养同等重要，教育既要"解惑"更要"传道"，教师应注重学生综合素质的培养，而不仅仅是智力水平。而努力克服困难，坚持完成任务的品质是非智力因素的重要组成部分。

不可否认，学习是一件艰苦的事。求学之辛苦自古有之，"头悬梁，锥刺股""囊萤映雪"等例子举不胜举。这样的情形现如今已经很少见了，但是辛苦的实质没变。学习的过程是感性与理性的对抗，是安逸与努力的对抗，是对自己世界观、方法论的建设和改造，每一步都需要付出艰苦的努力。学习者始终要保持敏锐的触感，清醒的认知，充沛的精力，这是对智力和体力的双重考验。

每一门学科的学习都不是件容易的事。以语文学科为例，《语文课程标准》指出，语文教学要实现阅读的教学目标，还要注意培养语感，注重积累。为实现这一指导思想，首先要从阅读的数量着手。一是要求"养成读书看报的习惯，收藏并与同学交流图书资料""扩展自己的阅读面""扩大阅读范围，拓展自己的视野""广泛阅读各种类型的读物"；二是规定课外阅读数量，课外阅读累计应达 400 万字以上，并倡导读整本书。其次提出积累各种语言材料、加强背诵的要求，义务教育阶段总共要求背诵优秀诗文 240 篇（段）。如此数量庞大的阅读和背诵要求，再加上写作等要求，如果学生不能持之以恒是很难做到的。

　　再比如数学，它是人类智识的成果，表现在抽象性和极端复杂性。所谓抽象性是指数学是符号系统，而人类大脑对图形或实体等具象物体更容易接受。所以，多数学生对抽象的概念觉得困难；第二是数学的思维过程，是有严密的逻辑关系，大脑的处理需要足够的广度和深度，需要注意力、专注力、创造力的相互配合，是对大脑认知的考验，需要耗费大量精力快思慢想，不可能一蹴而就，而是熟能生巧，勤于思考，勇于探索，持之以恒等品质的叠加。第三是数学是复杂的，即使想认真学习，却无从下手，常会让人感觉精疲力尽。可见，对于学生而言，要想学好数学，是难上加难，如果没有强大的意志力克服困难，是很难坚持下去的。

第二节　不同学科坚持的要素不同

根据不同学科的学科特点，制定不同学科的评价指标，以语文、数学、英语三门学科为例：

表6-1　语数英三门学科"会坚持"的评价指标及描述

学科	一级指标	二级指标	指标描述
语文	会坚持	△坚持规范与效率	树立端正的学习态度，逐步形成科学的学习方法，养成良好的学习习惯，按时保质保量完成学习任务
		△追求质量与成果	面对学习困难不退缩，积极应对直至取得理想成果
		△直面不足与失误	在学习中能直面自身存在的不足，虚心接受他人指点，不断完善和改进自己
		★提升抗挫力与意志力	面对挫折，不轻言放弃，有不解决问题绝不停步的信念和行动
		★提升人文素养和文化意识	语文学习中，不断提升人文素养，注重个人修行；逐步提高跨文化交际能力，形成文化意识
数学	会坚持	△坚持思考与探究	养成独立思考的习惯，有积极探索的兴趣，增强自主探究的能力
		△追求质量与成果	面对困难不降低质量要求，积极应对困难直到取得理想成果
		△直面不足与失误	在学习中能直面自身存在的不足，勇于承认自己出现的错误，虚心接受他人指点
		★提升抗挫力与意志力	面对挫折，不轻言放弃，有不解决问题绝不停步的信念和行动
		★养成科学的态度与意识	领悟数学与自身发展的关系，在学习中坚持科学的态度，不断增强思维的严谨性，提升理性精神

学科	一级指标	二级指标	指标描述
英语	会坚持	△坚持规范与效率	树立端正的学习态度，逐步形成科学的学习方法，养成良好的学习习惯，按时保质保量完成学习任务
		△追求质量与成果	面对学习困难不退缩，积极应对直至取得理想成果
		△直面不足与失误	在学习中能直面自身存在的不足，虚心接受他人指点，不断完善和改进自己
		★提升抗挫力与意志力	面对挫折，不轻言放弃，有不解决问题绝不停步的信念和行动
		★提升人文素养和文化意识	英语学习中，不断提升人文素养，注重个人修行；逐步提高跨文化交际能力，形成文化意识

（一级指标对应五个二级指标，其中△为基础性指标，★为发展性指标）

第三节　坚持的内在涵养与养成

"教书育人"是每一位教师的职责，教师不仅要"教书"还要"育人"，不仅要教给学生知识，培养学生技能，还要在教学中积极渗透德育。上海市学校德育工作会议提出"人人都是德育工作者"，形成"全员育人""全程育人"的良好环境，是每个教育工作者的职责。"会坚持"作为意志品质的一个方面，它的培养过程应该贯穿于教育教学活动的方方面面。教师除了要在学科教学中落实"会坚持"能力的培养，校会课、年级组大会、班级主题教育活动等德育活动，都是培养学生意志品质的重要阵地。我们可以从以下几个方面去培养学生"会坚持"的能力。

一、 明确目标

指导学生制定合理的计划，包括目标和完成目标的期限。

（一） 目标一定要明确而具体。研究证明，越是明确、具体的目标，实现起来越有动力。比如"我要提高作业的正确率"，这个目标不够明确。"今天的数学作业我要保证错题不超过三题""明天的数学作业要比今天少错一道题"，只有这样的目标才是明确的、具体的。同时，完成目标的期限一定要在实施计划前设定，而且也要明确、具体，比如说"我要在期末考试中语法题正确率达到 90％"。

（二） 目标可以分阶段完成。罗马不是一天建成的，长城不是一天修好的。一些难度大的任务会让人长期感受到压力和不舒适，如果承受不住压力就容易放弃，不能坚持到底。因此我们要做的是，在明确目标后，将大的任务拆分成若干个阶段性的小任务，明确每个阶段的任务需要达到什么目标，什么时间完成等。小的任务完成起来不会觉得那么吃力，而且会时时感觉到自己的进步，以及离目标越来越接近。制定远大的目标是人生成功的关键，制定阶段性目标更是关键中的关键。不要小看一个小目标的力量，许多大成功就是实现了一个个的小目标而积累起来的。将大任务拆分成小任务，可以使得目标更明确，将压力分解，将痛苦分减到可以承受的程度，这样才更容易坚持下去，直到达成目标。

二、 激发动力

我们都知道，人只有在做自己感兴趣的事情时才最有动机。当我们做感兴趣的事情时，大脑会分泌让我们兴奋和愉悦的多巴胺，多巴胺作为一种奖赏激素，会促使我们下一次更愿意投入到这件事情中。但前面说过，学习的过程是艰难的，学习内容不可能全都是学生感兴趣的东西。那如果不得不完成一项自己不那么喜欢的任务，该怎么做才能坚持下去呢？这个时候，教师就应该指导学生去思考远期收益与近期任务的关系，用远期收益来激励自己，增强内在动机。比如学生想要考上高中或其他理想的学校，就必须在日常的考试中取得较好的成绩。考上高中或其他理想的学校是学生的远期收益，在日常的考试中取得较好的成绩就是近期任务。

除此之外，教师还可以采取其他的方法激发学生的学习动力。比如鼓励同学间的相互竞争，及时表扬学生小小的进步等，帮助学生建立自信，有效地激发学生积极向上的动力。

三、 强化激励

（一） 持续努力不间断。今天偷懒会为明天偷懒准备理由，明天偷懒会为今后偷懒准备理由。要培养学生坚定的意志力、坚持不懈的毅力，就要督促他们不间断地完成规定的任务。我们一定有这样的经历，当我们坚持每天去跑步，我们就习惯了去跑步。但是如果某一天我们中断了跑步，那么也许我们就从此再也不会去跑步了。因为我们会感到，跑步是辛苦的，不跑步也没什么损失。学生学习也是一样，当他们每天按规定的时间去上学，他们就会习惯去上学。如果他们某一天因赖床而不去上学，并且没有受到相应的惩罚或教育，他们可能就再也不想去上学了。

（二） 制定奖惩措施。对完不成任务的学生采取一定的惩罚措施也是必须的。比如按照学校的规章制度，对无故旷课的学生进行处罚等。再比如，教师可以指导学生在制定目标和计划的时候把相应的自我激励和惩罚措施同时写下来，并且由专人监督这个措施的执行。这样如果学生想偷懒的话，他的监督人就会提醒他，而学生也会因为不去兑现自己的承诺而感到羞愧，继而产生动力继续完成任务。

（三）为任务赋予意义。没有人会下定决心去做他自己认为不可能的事，比如一个人不可能会决心举起已丧失活动能力的手臂，也不会决心在不借助器械的条件下进行飞翔。对于这样可能性极小的事情，人们也许曾经产生过尝试一下的想法，但他们不可能真的下决心去尝试这样的事情，因而他们也不会有做这件事情的真正勇气。培养学生积极主动、坚持不懈的秘诀就是给他们所要做的事情赋予意义感，让他们感觉到他们做的事情是有价值的。一旦学生认为他们所做的事情是有意义的，他们才能坚持不懈地去完成。

第四节　在实践中创就坚持的品行

一、 引导教师培育学生坚持不懈的精神

做事坚持，就如同走路，向着一个目标前进，坚持着走下去。但是前提是要走在路上，而且路要选对。如果没有认准道路，越是坚持，就越会失败。专注一件事，坚持走下去的意义在于成功的机会更大，至少比半途而废要强很多。但是不可否认，坚持不一定成功。我们在鼓励学生坚持到底的同时，还要教会学生如何面对努力过、坚持过之后仍然不可避免的失败。作为综合素质核心之一的抗挫折能力的培养也是必须的。

当学生失败时，教师应给予理解而不是责备，要让学生明白失败是正常的，是每个人都会经历的。其次，教师应给予帮助而不是漠视。挫折感是一种消极的情绪体验，当学生被挫折感过度包围时，就会自卑和消极。因此一旦学生有了挫折感，教师不能视而不见，而要及时给予帮助。当然，帮助的方式不是包办代替，而是引导学生分析产生挫折的原因，是自己准备得不充分，还是困难的程度太大，要充分了解失败的根源在哪里。同时要从失败中吸取教训，努力寻找化解之策，积累人生经验，让挫折变得更有价值。此外，教师应当给予支持性的谈话，避免学生因失败过度自责，培养学生面对挫折的勇气。

一个人的强大并不是肉体的强壮，而是精神的强大。学生的耐挫力提高了，将来无论对待学习还是工作，无论走过的是顺境还是逆境，他总能逢山开道、遇水架桥，凭借自己的力量到达成功的彼岸。

体育课上，经常听到老师这样鼓励学生"坚持一下，最后50米""坚持一下，还有十秒"。数学考试，老师或许会这样说："题目没有你想象中的难，再思考一下，坚持下去就能做出来了。"类似的鼓励几乎在所有老师的课上都能听到。可见，培养学生克服困难、坚持不懈的品质是每位教师的共识。

数学"三元一次方程组的解法"一课中，教师将情感、态度、价值观目标

定为：对于会做的题目，100％学生能坚持独立完成；对于没有学习过的新知识，要求有50％学生能在老师的启发下坚持思考，用旧知识进行解答；对于难度较大的综合问题，有15％学生能坚持不懈地独立思考，并进行解答。我们知道，解三元一次方程组的基本思路是先消元，即化三元为二元，把三元一次方程组转化为二元一次方程组，再进行求解。这里的关键是消元，解题时需要学生根据题目的特点，灵活地运用加减法、代入法等方法进行消元，才能准确地解出方程组。对于初一年级的学生而言，解题过程比较繁琐，有一定的难度。于是教师把"会坚持"作为本课的核心教学目标，鼓励学生坚持独立完成难度较低的题，在老师的启发下坚持思考完成中等难度的题，最后能坚持独立思考完成难度较大的综合问题。教学目标的设置呈现一定的难易梯度，符合学生的认知规律。

再比如语文《为学》一课，以四川两个和尚去南海的故事为例，生动形象地说明了难与易的辩证关系，告诉我们事在人为的道理。只有立下了目标，坚持不懈，努力去实现，才会获得成功。人贵立志，事在人为，主观努力是成败的关键。人要立长志，不要常立志。人之为学，贵在立志，无论客观条件的好坏，天资的高低，关键在于主观努力。文中"吾一瓶一钵足矣"的两个"一"字表现贫者对物质要求极低，一个"足"字体现了他战胜困难的坚定信心，表现了贫者面对困难知难而进的勇气和实现远大理想的坚定信念，以及无所畏惧的坚强意志和敢于大胆实践的精神。人只有把计划付诸于行动，并且坚持到底才可能获得成功。

● 课例分享

为　学

教学目标：

1. 知识与技能：积累重要的文言字词，理解人贵立志、事在人为的道理。

2. 过程与方法：通过合作学习的方式培养初步的文言文阅读能力。

3. 情感态度与价值观：激发学生树立志向、大胆实践、坚持不懈的精神。

教学重点与难点：

教学重点：通过学习重点文言词语，理解课文，培养学生阅读理解文言文的能力。

教学难点：真正理解文章主旨"事在人为"的道理。

课时安排： 1 课时

教学过程：

过程	教师活动	学生活动	设计意图
作者简介，导入激趣	1. 请几个学生说说自己在学习的过程中遇到的困难。 2. 介绍作者。 3. 今天，我们就学习《白鹤堂文稿》的一篇家书节选——《为学》。	1. 自由发言。 2. 彭端淑，约 1699 年生，字乐斋，四川丹陵人，生而颖异，十岁能文。清雍正十一年进士，曾任吏部郎中等职，乾隆二十年到广东肇罗道做道元，后在锦江书院讲学，著有《白鹤堂文稿》。	走近作者，激发学习兴趣
初读课文，整体感知	1. 教师范读课文，要求学生听清字音、句子停顿等。学生可在课文中注好停顿标志。 2. 学生自由读课文，要求大声朗读，读准字音、读对句子停顿。 3. 用散读、个别读、同桌互读、小组读、齐读等形式读课文，要求读得准确、流利。 4. 思考：通过阅读文章的第一小节，可以明白关于学习的什么道理？ 5. 利用工具书和课下注释自译课文，思考：蜀鄙二僧有怎样的故事？	1. 听读课文，做出标记。 2. 自由朗读课文。 3. 多种形式朗读课文。 4. "学之，则难者亦易矣；不学，则易者亦难矣。" 5. 质疑问难，组内讨论。可以向教师提出自己的疑问。	使学生准确朗读课文并熟悉课文内容

过程	教师活动	学生活动	设计意图
精读课文，反复吟咏	1. 小组合作，仿照课文注释的形式对文中的"之"字进行注释。	1. "之"字用法归纳如下： （1）为之，则难者亦易也。代词，相当于"它"，指代"事情"。 （2）吾欲之南海。动词，往、到。 （3）蜀之鄙有二僧。助词，的。 （4）人之为学有难易乎？助词，无意义，用在主谓之间，有取消句子独立性的作用。	培养自主学习的能力
	2. 朗读文中所讲的故事，体会人物说话的语气和情感。	2. 把握"？"与"！"所包含的不同语气。	
	3. 思考：文章叙述故事时花了大量的笔墨详写他们的对话，而没有一句写贫僧怎样克服旅途中的种种困难。为什么要这样写？	3. 作者写这个故事的目的在于突出"立志"的重要。通过贫富二僧的对话，生动地反映出他们的决心是不同的。"一瓶一钵足矣"，可见贫僧尽管条件极差，但决心很大。而富僧的"子何恃而往？"反复出现，出现时的语气不同，既写出了他对贫僧的怀疑和讥讽，也说明他缺乏立志的勇气。同时还造成一种悬念：贫僧究竟能否成功？接着就写出他"自南海还"，写出了成功的结果，自然就包含着克服困难的种种艰辛。这样劝导人无声色之厉，平易质朴，语重心长，增添了文章的说服力。	
	4. 思考：这个故事与文章的第一小节有什么联系？	4. 面对困难，关键在于"立志"，更在于具有"立志去为"的毅力。这是战胜一切困难的根本所在：知难而进，勇于实践。	

过程	教师活动	学生活动	设计意图
课堂小结，感悟思考	1. 根据提示，试背课文。 2. 成功需要条件，但有条件的未必能成功。你能讲述一两则现实生活中的例子，来印证文章表达的观点吗？	1. 试着背课文 2. 举例	熟悉课文，培养语感。
课后拓展，布置作业	1. 背诵课文。 2. 写一则现实生活中的例子印证"贵在立志而为"。		巩固知识，开拓视野。

（本案例作者：孙贝丽）

二、 倡导教师把"坚持"变成习惯

日复一日，坚持去做一件事情，会经历几个阶段： 刚开始的时候会感觉到痛苦，非常困难；接着我们会看到少量收益，觉得去做这件事的难度没有那么大了；最后我们会发现去做这件事情已经没有什么压力，能驾轻就熟地完成。一件事情，我们一般会经历这三个阶段，即痛苦、坚持、习惯，如果我们坚持一下，就能真正经历了一件事情从 0 到 1，从坚持到习惯的过程。作为教师，我们要做的就是帮助学生克服痛苦期，鼓励学生坚持一下，再坚持一下，把习惯行为模式化，等待峰回路转、柳暗花明的到来。

长周期实践型作业的设计与实施，是培养学生"会坚持"能力的有效载体。长周期作业，顾名思义就是指学生在较长的时间内完成的作业。有效的长周期作业是围绕一个特定的主题，以项目、任务等为载体，以学用结合为核心，引领学生开展以本学科学习为主，以多种学科学习为辅的实践活动，促进学生养成良好的学习习惯和解决实际问题的作业。长周期作业具有长期性，培养学生在坚持中进行探究和表达；具有综合性，依据本学科课程学习的要求，综合其他学科的活动。具有开放性，内容和主题都来源于学生的生活，紧密联系学生生活中的现实资源。在平时的教学实践中，各学科教师都可以积极尝试长周期作业的设计与实施。如语文课传统作业，写日记、读名著等都不失为较好的长周期作业。以下为初中科学学科的长周期实践型作业《兰州河水质调查》。

兰州河水质调查

活动名称　兰州河水质调查

活动目标

知识与技能：了解探究活动的基本方法，体验探究活动的全过程。

过程与方法：通过探究过程体会对照实验和控制变量的实验方法。

情感、态度与价值观：

1. 小组合作意识的养成及持之以恒、实事求是的实验态度。

2. 关注身边的环境，形成环保意识。

活动地点　科学实验室、兰州河边

活动时间　探究课及课余时间

活动形式　小组合作探究实验

活动准备

学生分组：将全班同学分为七个小组，每个小组确定组长，并讨论确定子课题。具体分组如下：

第 1 小组：《河流水质污染调查方法》

第 2 小组：《兰州河的地理位置和历史调查》

第 3 小组：《河流污染样品采集法》

第 4 小组：《兰州河水是否适合鱼类生存？》

第 5 小组：《调查兰州河水的酸碱度及水温变化》

第 6 小组：整理并撰写论文

第 7 小组：制作 PPT 演示文稿。

（组长及组员略）

器材准备：温度计、载玻片、显微镜、鱼缸、渔网、pH 试纸等。

活动过程

1. 各组以组长带头,分组讨论探究方案,准备实验器材。

2. 各组实施探究方案,老师适时指导。

探究时间安排如下:

第一阶段:活动方案的设计和活动器材的准备阶段

第一课时:3月6日　分组、分工,确定组长及探究的子课题。

第二课时:3月13日　分小组讨论探究方案。

第二阶段:活动实施阶段

第三课时:3月20日　第一次现场考察,采集水样,购买实验材料。

第四课时:3月27日　讨论实验进程,修改实验方案。

第五课时:4月3日　采集水样,进行实验,每天记录实验现象。

第六课时:汇报实验进程,修改实验方案,继续实验。

第三阶段:活动总结阶段

第七课时:对实验进行总结分析,撰写论文。

第八课时:继续完成论文。

第九课时:制作PPT演示文稿。

第十课时:汇报展示。

活动评价

	内　容	评价			
		优	良	合格	须努力
学习表现	对学习感兴趣,认真开展课题研究				
	合理分工,主动承担任务				
学习能力	能正确表达研究成果				
	知道基本研究过程,掌握基本研究方法				
实践能力	能设计简单的实验				
	能进行简单的实验				
	能分析实验结果并得到结论				

评价课以过程性评价为主,由学生自评、互评、组长评价组成。

过程记录

详见附件：学生实验报告

活动反思

经历了几次指导学生长周期实践活动的过程后，我对如何指导学生开展活动有了新的认识。经过本次活动，不仅学生从中获得了课堂上学不到的知识，丰富了阅历，我也从中获得了不少收获和启示。

本次长周期实践活动的成功之处主要有如下几点：

1. 整个实践活动，从活动方法、活动方案到活动过程都由学生自己完成，老师进行必要的指导和提示。

2. 在活动过程中，我们也遇到了很多困难和挫折，但我们能及时反思，调整活动方案，使实践活动得以顺利进行。学会反思是我们最大的收获之一。

3. 整个实践活动经历了前后约一学期的时间，但同学们却表现出了前所未有的活动热情，一直坚持完成实验，也深刻体验了团队合作的乐趣。

我们的探究活动也有许多不足之处。

1. 由于参与活动的同学比较多，指导老师无法顾及到所有同学，少部分同学并未真正参与其中。

2. 测试水质的方法有很多，但如果要进行深入的研究，需要较深的理论支持和技术支持。而对于初中学生而言，没有足够的理论知识，而我们也没有专门测试水质的仪器。因此，我们对水质的测试仅仅停留在表面。但我想对于初中学生而言，也只能做到这一步。只要我们体验过了，就会有所收获。

兰州河水质调查学生实验报告

一、探究缘由

在科技飞速发展的 21 世纪，人们却面临一个严重的问题：环境污染。而我们生活中必不可少的一样自然资源——水，也被污染。我们生活中饮用的水，是经过多次沉淀净化制成的。那我们周围的水质如何呢？为了解开心中的谜团，我们班选择了学校附近的兰州河作为调查对象，踏上了寻找钥匙的路程。

二、探究方法

上网调查　实地考查　实验探究

三、探究前的准备

（一）分组

将全班同学分为七个小组，每个小组确定组长，并讨论确定子课题。具体分组如下：

第1小组：《河流水质污染调查方法》

第2小组：《兰州河的地理位置和历史调查》

第3小组：《河流污染样品采集法》

第4小组：《兰州河水是否适合鱼类生存？》

第5小组：《调查兰州河水的酸碱度及水温变化》

第6小组：整理并撰写论文

第7小组：制作 PPT 演示文稿。

（组长及组员略）

（二）时间安排

第一课时：3月6日　分组、分工，确定组长及探究的子课题。

第二课时：3月13日　分小组讨论探究方案。

第三课时：3月20日　第一次现场考察，采集水样，购买实验材料。

第四课时：3月27日　讨论实验进程，修改实验方案。

第五课时：4月3日　采集水样，进行实验。

第六课时：继续实验。

第七课时：撰写论文。

第八课时：修改论文。

第九课时：制作 PPT。

第十课时：汇报。

由于我们事先对水质调查的方法知道得并不多，因此有必要先查找相关的水质调查方面的资料，让同学们事先对这方面的知识有所了解，然后再制定各自的探究方案，保证我们的探究过程能正常、有序地开展。我们董泽颖小组就承担了这一任务。

子课题一：《河流水质污染调查方法》

探究缘由：

了解水质污染的测试方式，为进一步探究兰州河的水质状况奠定基础。

探究方法：

上网调查

探究准备：

前两节课我们小组开会，确定探究方法及进行小组分工。在第二节课前，我们上电脑房查资料，在课上向同学介绍水质调查的基本方法。

第八课时和第九课时我们将所查资料集中分类、筛选，选出一些需要的材料。

最后，完成探究报告的撰写。

探究过程：

本小组探究课的任务是到网上查找有关于河流水质污染调查的方案。

由于我们是第一次进行此类课题的探究，因此我们打算借鉴其他学校的同学的探究方法。

我们找到了关于苏州河水质调查方法的报告。

以下为我们搜索到的方案简介：

本实验是在同种生长条件下种植相同的植物，分别为用自来水浇灌，用50％自来水＋50％苏州河河水浇灌和用100％苏州河河水浇灌。定期采集苏州河水，测定其浇灌前后的水质，同时也定期观察植物生长，进行记录。实验在三个1立方米木质水槽内进行。另有三个同样的水槽其他条件与前三组一样，但不种任何植物。这三个水槽用于减少误差值。

实验过程：

（一）调查

定时、不间断的测量附近苏州河周家桥河段的水质情况，包括观察漂浮物、测定 pH 值、水温、透明度以及 DO（溶解氧）等。

（二）绿化种植灌溉实验

1. 实验设计：

本实验分为 A、B、C 组，同时另加三组误差对照组。

A 组植物，将用自来水浇灌，作为对照组；

B 组植物，将用由 50% 的自来水和 50% 的苏州河河水混合而成的水进行浇灌；

C 组植物，则用从苏州河中取来的水直接浇灌。

误差对照组，将不种植物，分别用自来水、50% 的自来水和 50% 的苏州河河水和苏州河水进行浇灌，以此检验土壤对水的净化作用。

除了误差对照组，其他各组都选用种植相同的植物，在选择植物时，尽量挑选抵制污染能力强、容易生长的植物（因为这个实验主要是为了观察苏州河河水对植物生长的作用和影响）。

每组中的植物数目相等。在实验进行过程中，我们对采集来的苏州河河水测定其浇灌前后的水质情况，包括 pH 值、生化耗氧量、总氮（包括：氨氮、硝酸盐氮、亚硝酸盐氮）、总磷。

同时定期定时观察植物生长情况，并进行记录。最后通过对三组实验对象结果的分析，并减去误差值，观察植物对污染河水的净化作用。

2. 实施过程：

9—10 月：搜集有关资料，整理以往苏州河水水质数据。

11—12 月：设计实验，走访有关部门，听取专家建议，修改实验装置。走访长宁区园林所，确定较为适宜本实验种植的植物。

1 月—2 月上旬：学校放寒假，正值春节，加上天气寒冷，实验暂停进行。

2 月中旬—3 月：制作实验装置。原定 3 月中旬栽种植物，但由于少科站内在进行装修，种植时间推后至 4 月。

4 月初：入种植物，记录植物情况（高度，叶片大小、花苞数目）。到苏州河（长宁区段）采集水样，按实验要求浇灌植物。测定进出水样 pH 值。

5 月初：植物生长速度较慢，因此第二次记录植物生长情况（高度，叶片大小、花苞数目）。同时，与四月一样，测定进出水样。

收获和体会：

经过这次探究，我们了解了其他同学的探究方法，为后面的探究打下了基础。我们可以观察兰州河水面的漂浮物，测量兰州河河水的水温、pH 值等。同时，我们了解了可以通过用不同的水灌溉植物，观察植物的生长状况来测定兰州河的水质。那么兰州河水是否适合鱼类生长呢？我们也可以就这个问题进行探究。

我们组员对于这次探究也付出了自己的努力，并体验了集体合作的快乐，增进了彼此间的友谊。

子课题二：《兰州河的地理位置和历史调查》

探究缘由：

通过对兰州河历史的调查，我们可以了解兰州河的过去，从而对它的现状进行更深一步的了解。而对于兰州河地理位置的调查可以让我们知道它水的来源和去向，因此知道水质好坏的部分原因。

探究方法：

实地考察、翻阅资料和上网查找资料。

探究过程：

第一节课：讨论探究方法、分工安排；

第二节课到第六节课：实地考察、查找资料；

第七节课到第九节课：完成探究报告。

探究结论：

通过查阅资料，我们了解到兰州河在早期的时候，人们对它的定位与记载如下：它位于杨浦区西部，西北起走马塘，东南注入黄浦江。原名杨树浦，亦名杨浦港、杨名浦、杨木浦、兰路港、兰州河。19 世纪末叶后，人口增多，工商繁荣，杨树浦逐渐成为区片名称，为使区片名和河流名有所区别，将河流杨树浦改称杨树浦港。有航运和泄洪之利，长阳路以南可通行 15 吨级以下的小船。

关于兰州河的具体数据如下：

长 4500 米，宽 16 米，其中长阳路桥至黄浦江一段长 2000 米，可通航 15 吨的船只。

1957 年以前，境内江段水质尚好，杨树浦自来水厂进水口常有鱼虾被吸进。1958 年水质开始恶化，1964 年出现黑臭。污染源主要来自江段地区 100 多家工厂和杨树浦港两岸工厂，每日排放工业废水约 45 万吨；其次是沿黄浦江 32 个污水排放口排出的污水和通过下水道排入江中的废水；再次是水流中夹带的上游污染物质。

20 世纪初，上海境内有纺织、缫丝、造纸、冶金等工厂 20 多家，工业废水和生活污水任意排放，污染水体。民国 15 年（1926 年），公共租界工部局在境内建成东区污水处理厂，日处理污水 1.7 万多吨，缓和了水体污染恶化。1956 年前，区内江河水质尚好。1957 年后，社会主义工业化建设迅速发展，工业废水和生活污水迅猛增加。这些废水污水大都未经处理，有些直接排入黄浦江；有些流入杨树浦港、走马塘等河流。

杨树浦港沿港有 98 家大、中型工厂，属造纸、印染、棉纺、化工等行业。除 15％的工业废水经一级处理外，其余有机废水、有色废水、食品加工的油脂、禽血等，每日约有 25—30 万吨排入港内。区境北部凤城、辽源、长白、控江、四平等新村，每天近 5.6 万吨生活污水和粪便通过泵站和下水道排入杨树浦港北段；控江路以南地区的生活污水排入杨树浦港南段。水中有机物过多，溶解氧耗尽，以致腐败发酵，长年黑臭。

黄浦江流经区境江段及其支流水系杨树浦港等的总长度约 41.90 公里。地面水污染均达严重污染程度，主要是工业废水污染造成的，最后也都排入黄浦江。因此，区境江段汇合上游下泄污水，水质逐步恶化。

解放后，区政府为改善居民生活环境，填没了全区臭水浜，排设、改造污水管道。在 80 年代前后，市、区政府用调拨专款、银行贷款等办法帮助工厂科研攻关，改造更新水治理设施，改进治理工艺，提高处理工业废水能力。1964—1976 年间，上海市政府疏浚各河段，使河道水质有了明显提高。

如今，经市政府对兰州河水质的整治使它从过去能一脚跨得过的小沟，各种垃圾成堆，违章搭建成片，沿河居民叫苦不迭，变成了上海十大休闲街之一，杨树浦河宽水畅，获得了新生。

收获与体会：

这次探究课的许多内容都是同学们在课余时间完成的。大多同学都积极地参加到了活动中。虽然我们小组的任务不重，既不需要我们去从兰州河亲自提水，也不需要我们一直操心地去养鱼。但是每个同学都表现出了十二分的热情，即使不能每件事都亲历亲为，可都努力为能完成这件事而出谋划策。这样的氛围让每个组员都感受到了集体的力量和在集体中"工作"的快乐。当然，在这个过程中我们也会碰到困难，或遇到问题。比如，我们找资料有时会"无从下手"，在找到相关信息时要考虑到是否与主课题或是其他小组连接得上。值得欣慰的是问题都在我们共同努力下解决了，可能我们的成果对整个课题的帮助并不是很大，但我们都努力过了，并在努力的过程中找到了快乐，每个人也都有不同的感受。相信这次探究课的目的既在于培养我们的能力，也在于此。

子课题三：《河流污染样品采集法》

探究缘由：

了解了兰州河的地理位置和它的历史后，我们知道，兰州河曾经遭到非常严重的污染，而经过市政府的治理，它的水质已经得到了很大的改善。那么，它的水质究竟改善到了什么程度，是否适应鱼类生存呢？我们决定就这个问题进行探究。而我们小组承担的任务就是为探究活动采集水样。我们的工作看来很简单，但真正做起来却不那么容易。

材料准备：

空瓶子、铁块、绳子

探究方法：

1. 用绳子绑住瓶口，并在瓶口绑铁块，将瓶子放入水中，待装满水后将瓶子提起。

2. 直接用瓶子到河中取水。

探究过程：

探究前，我们原先考虑向总务处借水桶打水。后来，经过讨论后发现，从兰州河到我们学校有一定的距离。水桶没有盖子，如果从兰州河打水后，用水桶提到学校，可能会洒掉很多水，而且会浪费我们的体力。于是，我们决定用大号的饮料瓶装水，再用蛇皮袋装回学校，这样既可以减少打水的次数，也可以减少运水途中的浪费。课前，我们小组的同学收集了很多大号的饮料瓶，将瓶子用清水洗净，放置在实验室中备用。

在第一次取水的过程中，为了避免在取水时，塑料瓶浮在水面上，无法取到水，我们在饮料瓶的瓶口扎上重物及绳子。这样，当我们将瓶子投入水中时，瓶口就会向下，而不会浮在水面上。但当我们真正实践时却发现我们的方法不太切合实际，盛水速度慢是最大缺陷，盛水显得非常困难，显然这个方法不可取。在我们准备放弃的时候，顾轶辰同学突然说知道有个"钓鱼台"，从那里可以直接取水。正所谓天无绝人之路，我们找到了一个更快、更简单的途径，从"钓鱼台"直接取水，又快又方便。但是由于水太脏，同学们都不肯直接下水捞，在这次活动中一直表现活跃的江浩同学第一个捞起水来，同学们看到了榜样的力量，也陆续取起水来，不到十分钟就装满了所有水瓶。我们再一起将一瓶瓶水带回学校。

我们取一次水只够换两次，所以我们除了在探究课时去取水外，还必须利用课余的时间再去取水，这样才能为探究过程提供足够的水。

收获与体会：

在这次活动中，我们小组的每个成员都积极地参与到取水的过程中。我们轮流采水，其中江浩同学表现特别出色。通过这次探究我们学会了从多方面考虑问题，学会了合作，也增进了同学间的友谊。

水样既然已经取回来了，那要先知道怎么测水质好坏才行。这个任务就由张伟俊小组负责。

子课题四：《调查兰州河水的酸碱度及水温变化》

探究缘由：

考察兰州河沿岸的绿化及水面漂浮物，测定兰州河水的 pH 值及温度的变化。

探究方法：实地考察、查找资料

探究过程：

准备材料：纸、笔、温度计、pH 试纸

前期知识准备：

一、酸碱度测试

河水酸碱度（pH 值）既影响鱼类生长，又影响到池水中的营养素含量。测定池水酸碱度，最简单可靠的方法是使用 pH 试纸。测定时，用玻璃棒蘸取河水，涂在 pH 试纸上，再与所附的比色卡对照，就能知道河水的酸碱度。

二、透明度测试

透明度与水色直接有关，水色又标志着水的肥瘦程度和水中浮游生物的多少。在很多人依靠经验判断水质好坏的时候，采用化学方法检测水质最大优势就是检测数据准确可靠，但为什么没有推广应用呢？有几个方面的原因：第一，化学方法的检测过程比较复杂，需要较长的时间，要求检测人员具备相当的专业技能，才能准确地检测，如化学滴定法。有的化学检测试纸，如 pH 试纸，一般只能进行粗略的测量，如观察试纸颜色判断 pH 值在 7—8 之间，而无法得到准确的数字；另一方面，试纸容易受到外界环境（如温度、湿度、光照等）的影响，会导致试纸失效，粗略的测量也无法保证了。第二，化学法检测都需要取样测量，而水样采集到实验室时，各项指标都可能已发生变化，因而最终的检测结果已经不是实际水体的数值了。第三，一些化学方法需要使用仪器进行检测，要求使用者掌握相当的化学知识，如分光光度法使用分光光度仪，滴定法使用的滴定仪等，不是所有人都能够轻松掌握的。所以我们将采用 pH 试纸来测试水质。

实验过程：

我们小组的成员来到兰州河沿岸进行实地考察，发现兰州河两岸绿树成荫，非常干净，有少量游人在树荫下休息、下棋。

兰州河水面比较干净，偶尔能见少量白色垃圾。

河水比较混浊，没有刺鼻的气味。

用 pH 试纸放在取来的水中 2—3 分钟再拿出，对比色谱，测得兰州河河水 pH 值在 6 左右，属于弱酸性。

我们又在实地用温度计测量兰州河水温，具体数据如下表所示：

项　　目	3 月 13 日	3 月 20 日	3 月 27 日	4 月 3 日
水面距堤高度	63 cm	59 cm	67 cm	74 cm
颜色	混浊	混浊	混浊	混浊
气味	无	无	无	略有气味
水温	9℃	12℃	15℃	16℃
pH 值	6	5	6	6
水面漂浮物	未见	少量白色垃圾	少量树叶	少量树叶

收获和体会：

通过本次活动，我们了解了测量水温和水的酸碱度的基本方法。我们发现兰州河的水比较浑浊，但水面除了少量树叶外基本没有漂浮物。河水基本没有难闻的气味。水温随季节变化。河水的 pH 值基本稳定在 6 左右，呈弱酸性。在实践的过程中，我们不仅体会了成功的喜悦，也尝试了小组分工合作的效率，这些都使我们受益匪浅。

子课题五：《兰州河水是否适合鱼类生存？》

探究缘由：

通过实验了解兰州河河水是否适合鱼类生存。

探究方法：

分别用兰州河的水和自来水养鱼，并观察鱼的生活状况。根据鱼类的活动情况，判断兰州河水质的好坏。

探究过程：

我们小组的任务是分别用兰州河的水和自来水养鱼，并定期观察鱼的活动情况，来判断兰州河水质的好坏。

探究前，我们首先制定了两张表格，一张用来记录鱼的体重，一张记录鱼的呼吸频率和死亡率。

具体表格如下［单位：克（鱼的质量）；次/分（呼吸频率）；条（死亡数）］：

表1

日　期						
鱼的质量	1	2	1	2	1	2
实验1						
实验2						
实验3						
实验4						
实验5						
对照1						
对照2						
对照3						
对照4						
对照5						

表2

日　期						
观察内容	死亡数	呼吸频率	死亡数	呼吸频率	死亡数	呼吸频率
实验 1						
实验 2						
实验 3						
实验 4						
实验 5						
对照 1						
对照 2						
对照 3						
对照 4						
对照 5						

然后购买金鱼进行实验。

为了使实验结果具有可比性，我们首先给金鱼分组，把质量相同或大致相同的鱼分在一组，每组 2 条，共 10 组。其中五组为实验组，用兰州河河水养，分别为实验1—实验5。另外五组为对照组，用自来水养，分别为对照1—5。

如何测量鱼的质量是我们首先遇到的问题。起先，我们打算用纱布将鱼包住，防止它活动过于剧烈而影响测量的准确性。但是，我们发现，用这种方法测量，鱼还是会动，而且对鱼的伤害较大。后来，在实验室张老师的指导下，我们改变了测量方法，成功地测得了鱼的质量。

具体方法如下：

首先，我们在烧杯中盛放一定量的水，用天平测出水和烧杯的总质量，然后将鱼放入烧杯，测出水、烧杯和鱼的总质量。再用这个数值减去水和烧杯的总质量，就得到了鱼的质量。用这种方法测量鱼的质量，既准确又方便。我们用这种方法测得了所有鱼的质量，并将测得的数据填入表格。

具体数据如下表（单位：克）：

表 3

日　期	3月20日	
鱼的质量	1	2
实验 1	11	11
实验 2	10	10.5
实验 3	13.5	13
实验 4	14	14
实验 5	12.5	12.5
对照 1	18	17.5
对照 2	13	13
对照 3	15	15
对照 4	7.6	8
对照 5	10.5	10

起初，我们把鱼放在烧杯里养，使用控制变量法，保持每组的水量和食量都相等，通过测量鱼的生活状况来判断河水的质量。可只过了一个星期，鱼就大量死亡，只留下三条，实验 2 一条，实验 4 一条，对照 2 一条。

鱼的死亡情况具体见下表（单位：条）：

表 4

日　期	3月23日	3月27日
观察内容	死亡数	死亡数
实验 1		2
实验 2	1	
实验 3		2
实验 4		1
实验 5	1	1
对照 1		1
对照 2		1
对照 3		2
对照 4		2
对照 5	1	1

由于大多数的鱼都死亡，使实验无法进行下去。经过小组讨论和指导老师的帮助，我们及时总结了原因：

1. 烧杯里的水与空气接触面太小，使溶解在水中的氧气较少。

2. 鱼的品种过于娇贵，生命力不强，且从市场买回的过程中，又受到了一定的伤害。

3. 鱼食可能喂得过多。

4. 烧杯中的水量太少，不利于鱼的生存。

在总结出原因后，针对出现的问题，我们及时调整了实验方案。具体如下：

1. 将直径较小的烧杯换成直径较大的小脸盆。

2. 重新购买了生命力较强的川条鱼，用于实验。

3. 减少喂食次数及食量。

4. 增加容器中的水量，每个脸盆都装 600 毫升的水，一周换两次水。

然后，我们用同样的方法测得鱼的质量，并进行分组。定期测量鱼的质量及死亡数。

具体数据如下表（单位：克）：

表 5

日期	4 月 3 日		4 月 10 日		质量增加
鱼的质量	1	2	1	2	
实验 1	5.7	5.7	4	死亡	−1.7
实验 2	6	6	6.5	死亡	0.5
实验 3	5.5	5.8	5.5	6	0.2
实验 4	9	9	9.8	10.2	2
实验 5	9	9	死亡	死亡	
实验组平均值	7.04	7.1	6.45	8.1	0.25
对照 1	5.5	5.5	6	5	0
对照 2	4	4	4	2	−2
对照 3	10	10	8	5	−7
对照 4	6	6	6	7.5	1.5
对照 5	5	5	5	死亡	0
对照组平均值	6.1	6.1	5.8	4.87	−1.5

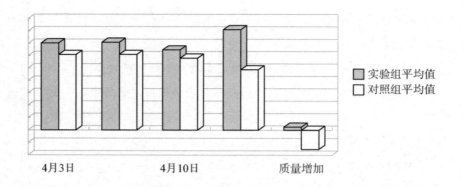

图 1　实验组与对照组质量平均值

实验组中鱼的质量平均增加了 0.25 克，对照组中鱼的质量反而平均减轻了 1.5 克。可见，实验组中鱼的质量增加量高于对照组。经讨论，我们认为实验组的水是兰州河的水，里面所含的微生物多于自来水中的微生物。而有些微生物可作为鱼类的食物，所以，实验组的鱼能获得较多的食物，质量增加得也较快。

同时，我们定期观察鱼的活动情况，记录鱼的呼吸频率及死亡情况。

具体数据见下表［单位：条（死亡数）；次/分（呼吸频率）］：

表 6

日期	4月7日		4月10日		4月19日	
观察内容	死亡数	呼吸频率	死亡数	呼吸频率	死亡数	呼吸频率
实验 1	1			222		178
实验 2	1		补 1	244	1	214
实验 3				214	1	248
实验 4				216		162
实验 5	2		补 1			268
平均值	共 4			224	共 2	214
对照 1				172		184
对照 2				108		200
对照 3				126	1	164
对照 4				248	1	254
对照 5	1			106		118
平均值	共 1			152	共 2	184

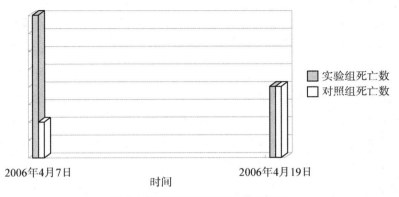

图2 实验组和对照组死亡数比较

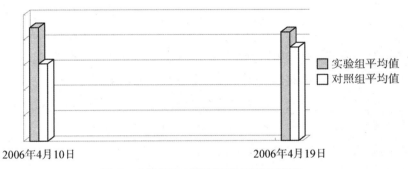

图3 实验组和对照组平均呼吸频率表

第一次实验组鱼的平均呼吸频率为224，而对照组鱼的平均呼吸频率为152；第二次实验组鱼的平均呼吸频率为214，而对照组鱼的平均呼吸频率为184。分析数据可见，实验组的死亡数多于对照组，鱼的呼吸频率也远远高于对照组。经讨论，我们认为这可能是因为实验组兰州河河水中的溶解氧量低于自来水，致使鱼类呼吸困难，死亡率较高。

经过一个月的实验探究后，鱼也差不多都死亡了，无法继续实验了。

实验结论：

虽然实验组的鱼用兰州河河水养殖，能获得较多的食物，质量增加得也较快。但是由于兰州河河水的质量比自来水差，比较混浊，水中的杂质较多，溶解氧量较少，鱼类呼吸困难，不易生存。所以，我们认为兰州河河水不适宜养鱼。

收获与体会：

虽然一开始实验不是很成功，但是我们能及时总结失败原因，调整实验方案，重新实验，最后还是成功地完成了实验。这使我们亲身体验了有趣的探究过程。更重要的是这次探究课让我们懂得如何合作，学会实验，每个人都受益匪浅。我们在失败中寻找成功，在成功中分享喜悦。我们都很感谢这次探究课，让我们学会了很多课本中学不到的知识，也使我们的友谊更加坚固。

这次探究活动有许多事情需要大家在课外完成的，很多同学都积极地参与到这次活动中。虽然并不需要每位同学参与每一个环节，可大家都表现出了十二分的热情，为完成这件事出谋划策。我们努力过了，并在努力中找到了快乐，相信这次活动的目的也在于此。

（本案例作者：凌秀梅）

本次长周期实践活动历时一个学期，大多数的活动环节都是学生在课外完成。三四月份，天气微寒，但同学们能坚持到河边采集水样；每天中午一吃完饭，负责养鱼的小组就到实验室给鱼换水、喂食、测量鱼的体重及呼吸频率。对学生来说，每一项任务都不是那么容易的事，但他们坚持下来了，这不仅需要参与活动的兴趣，更需要同学们持之以恒的精神。

俗话说："变则通，通则久。"不可否认，面对困难，面对我们所追求的目标，坚持是一种美德。然而，有些人的坚持却变成了钻牛角尖。比如，面对我们前进道路上的一座大山，本来可以绕道而行，轻松地抵达目标。然而，有些人却喜欢一往无前，结果让自己疲惫不堪。周围的环境变了，我们也要学会变通，如果固执己见，钻牛角尖，认死理，不仅浪费了时间和精力，最终还不能达成目标。因此，当一件事坚持了很久而没有进展时，我们可以尝试换个角度或者多询问别人的意见，及时调整方向才是成功的正道。

后　记

　　今天的教育正在回归"以人为本"，要实现这一最终目标，需要我们重新认识课程与课堂，厘清它们的关系：课程是为学生生存和发展的顶层设计蓝图，而课堂为这一蓝图的动态化实施提供保障。它们最终的指向都是学生的学习，因此构建满足学生发展需求的课程体系，实施优化结构的课堂教学策略，才可能实现学生学习品质的提升。

　　近几年，我们学校把"以学生发展为本，让每一位学生获得个性而全面的健康发展"作为目标，不断思考、完善学校课程顶层设计，探索优效的课堂教学策略，重构课堂教学评价，使学生的学习品质逐年提升，取得了令人鼓舞的成绩。

　　而这其中，"基于核心素养培育的'六会'教学法的研究与实践"项目推进，发挥了积极的作用。该项目的产生，源于2016年学校在接受综合督导后，基于学校存在的现实问题与学校课堂现状，提出开展以课堂改进为目标的"六会"教学法的实践研究。笔者认为，这是一种创新的课堂文化，主要研究如何在课堂中培养学生"六会"能力，即"会观察""会分析""会质疑""会应用""会合作""会坚持"，以及这些能力教师需要利用的"五善"教学策略，即"善于创设情境""善于设疑提问""善于启发引导""善于组织互动""善于积极评价"。我们从原有课堂教学较为传统的语文、数学、英语三门学科入手，细化"六会"在课堂教学中的培育目标（包括对应不层次学生的分层目标）以及对应采取的教学策略，设计相应的课堂教学样例、课堂观课表和观课记录、评价指标等，通过有主题、有系列的教师研修活动，进行课堂效果的评测，最终发现研究实践后，师生平等融洽的生态课堂不断涌现，教师驾驭课程的能力、教学设计能力得到提升，最主要的是学生的学习品质得到提升，不同层次的学生在课堂的学习中"六会"能力得到了培养。经过近四年的努力，学校教育质量正在稳步上升，师生获得了长足发展。

书稿付梓之际，心中充满了感激。感谢国和中学项目组的所有成员，一起学习、实践、反思、探索，在繁忙的教学任务之后所付出的辛勤努力。感谢项目组专家吴端辉、陈熙强、黄琴、宋德秀、祝智颖等老师在项目研究过程中给予的专业指导。感谢专家杨四耕老师、胡振凯老师，在书稿撰写过程中给予的帮助，使书稿能顺利完成。

由于个人能力所限，书中难免存在这样那样的偏差，敬请读者批评指正。

邱爱萍

2021 年 1 月 1 日于上海

学校整体课程规划的七个关键	978 - 7 - 5760 - 0424 - 3	62.00	2021 年 3 月
课堂教学的 30 个微技术	978 - 7 - 5760 - 1043 - 5	52.00	2020 年 12 月
教学诠释学	978 - 7 - 5760 - 0394 - 9	42.00	2020 年 9 月
原点教学:提升区域育人质量的策略研究			
	978 - 7 - 5760 - 0212 - 6	56.00	2020 年 8 月

学校课程发展精品丛书

学科课程群与全经验学习	978 - 7 - 5760 - 0583 - 7	48.00	2021 年 1 月
育人目标与课程逻辑	978 - 7 - 5760 - 0640 - 7	52.00	2021 年 2 月
学科课程与深度学习	978 - 7 - 5760 - 0505 - 9	52.00	2021 年 2 月
学校课程的文化表情:百花园课程的学科指向与深度实施			
	978 - 7 - 5760 - 0677 - 3	38.00	2021 年 2 月
学校文化与课程变革	978 - 7 - 5760 - 0544 - 8	62.00	2021 年 2 月
语文天生重要:语文学科课程群设计	978 - 7 - 5760 - 0655 - 1	44.00	2021 年 2 月
五育并举的课程体系:致良知课程的旨趣与探索			
	978 - 7 - 5760 - 0692 - 6	48.00	2021 年 1 月
学科课程与育人质量	978 - 7 - 5760 - 0654 - 4	48.00	2021 年 1 月
在地文化与课程图谱	978 - 7 - 5760 - 0718 - 3	46.00	2021 年 2 月
中观课程设计与学科课程发展	978 - 7 - 5760 - 0624 - 7	36.00	2021 年 1 月
大教学:英语学科核心素养培育的课程模式			
	978 - 7 - 5760 - 0462 - 5	46.00	2021 年 1 月

特色学校聚焦丛书

不一样的生命,一样的精彩	978 - 7 - 5675 - 8675 - 8	34.00	2019 年 3 月

童味正醇:特色学校的文化图谱	978 - 7 - 5675 - 8944 - 5	39.00	2019 年 8 月
特色普通高中课程建设探索	978 - 7 - 5675 - 9574 - 3	34.00	2019 年 10 月
儿童是天生的探索者:360°科学启蒙教育			
	978 - 7 - 5675 - 9273 - 5	36.00	2020 年 2 月
做精神灿烂的教师:教师自我成长的 5 个密码			
	978 - 7 - 5760 - 0367 - 3	34.00	2020 年 7 月
让教育温暖而芬芳	978 - 7 - 5760 - 0537 - 0	36.00	2020 年 9 月
快乐教育与内涵生长	978 - 7 - 5760 - 0517 - 2	46.00	2020 年 12 月
故事教育与儿童发展	978 - 7 - 5760 - 0671 - 1	39.00	2021 年 1 月
美好教育:学校内涵发展的循证研究	978 - 7 - 5760 - 0866 - 1	34.00	2021 年 3 月
把美好种进儿童心田	978 - 7 - 5760 - 0535 - 6	36.00	2021 年 3 月
倾听生命的天籁:"天籁教育"的实践与探索			
	978 - 7 - 5760 - 1433 - 4	38.00	2021 年 9 月

跨学科课程丛书

大情境课程:主题设计与创意评价	978 - 7 - 5760 - 0210 - 2	44.00	2020 年 5 月
社会参与素养的培育模型与干预机制	978 - 7 - 5760 - 0211 - 9	36.00	2020 年 5 月
大概念课程:幼儿园特色主题活动设计			
	978 - 7 - 5760 - 0656 - 8	52.00	2020 年 8 月
项目学习:进入学科的课程智慧	978 - 7 - 5760 - 0578 - 3	38.00	2021 年 4 月

核心素养导向的课堂教学丛书

漾着诗性智慧的课堂教学	978 - 7 - 5675 - 9308 - 4	39.00	2019 年 7 月
转识成智的课堂教学:核心素养导向的历史教学			
	978 - 7 - 5760 - 0164 - 8	40.00	2020 年 5 月

学导式教学：学会学习的教学范式	978 - 7 - 5760 - 0278 - 2	42.00	2020 年 7 月
高阶思维教学的关键技术	978 - 7 - 5760 - 0526 - 4	42.00	2021 年 1 月
会呼吸的语文课：有氧语文的旨趣与实践			
	978 - 7 - 5760 - 1312 - 2	42.00	2021 年 5 月
高阶思维教学的核心指向	978 - 7 - 5760 - 1518 - 8	38.00	2021 年 7 月
磁性课堂：劳动技术课就这样上	978 - 7 - 5760 - 1528 - 7	42.00	2021 年 7 月
核心素养导向的作业设计	978 - 7 - 5760 - 1609 - 3	40.00	2021 年 8 月
语文，让精神更明亮	978 - 7 - 5760 - 1510 - 2	42.00	2021 年 9 月
"六会"教学法：基于核心素养的课堂教学			
	978 - 7 - 5760 - 1522 - 5	42.00	2021 年 9 月

特色课程建设丛书

教师，生长的课程	978 - 7 - 5760 - 0609 - 4	34.00	2020 年 12 月
学校课程发展的实践范式	978 - 7 - 5760 - 0717 - 6	46.00	2020 年 12 月
丰富学习经历：如歌式课程的愿景与深度			
	978 - 7 - 5760 - 0785 - 5	42.00	2020 年 12 月
学科课程群设计方法	978 - 7 - 5760 - 0579 - 0	44.00	2021 年 3 月
学校美育课程的立体建构：菁华园课程的逻辑与框架			
	978 - 7 - 5760 - 0610 - 0	36.00	2021 年 3 月
关键学习素养与学科课程设计	978 - 7 - 5760 - 1208 - 8	34.00	2021 年 4 月
学校课程设计：愿景建构与深度实施	978 - 7 - 5760 - 1429 - 7	52.00	2021 年 4 月
生长性课程：看见儿童生长的力量	978 - 7 - 5760 - 1430 - 3	52.00	2021 年 4 月
"慧阅读"课程：儿童视角	978 - 7 - 5760 - 1608 - 6	42.00	2021 年 6 月
诗意栖居的课程愿景：智慧岛课程的逻辑与深度			
	978 - 7 - 5760 - 1431 - 0	44.00	2021 年 7 月
每一个孩子都是最重要的人：Ｖ－Ｉ－Ｐ课程的内在意蕴与学科视角			
	978 - 7 - 5760 - 1826 - 4	54.00	2021 年 8 月